食記帖

細川亜衣

Cosa hai mangiato oggi?

Ai Hosokawa

リトルモア

食記帖

Cosa hai mangiato oggi?

細川亜衣

リトルモア

まえがき

熊本に越してすぐ、"THREE YEARS DIARY"と刻印された分厚い革張りの古い日記帳を書斎から見つけて、食日記のようなものを記していたことをふと思い出した。開いてみると、最初の頁に〝細川亜衣　食べ物日記2009年9月22日〜〟と記され、庭で結婚式を挙げた日の朝から夕までの献立が書き連ねてある。

2009年9月22日　くもり時々晴れ
朝　おにぎり（梅・昆布）
昼　披露宴残り（麻婆豆腐、高菜ピラフ、トマト肉詰め）
夜　タイカレー、ウェディングケーキ

しかし、ひと月も経たないうちに空白が目立つようになり、多くの白紙を残したまま終わっている。

そんな日記の存在など忘れて私は日々料理をし、子供を授かり、住まいをととのえ、庭に樹々や花々を植えて淡々と暮らしてきた。

しかし、ある日また書き始めたのはなぜだったのだろう。凡々たるここでの暮らしを、その日食べたものを記すことで私は何を残したかったのだろう。

熊本での暮らしが2年目を迎えた9月にまたふと始まった日記は、ものぐさな私にしては珍しく、いまもひっそりと続いている。この本は、その日記を〝食記帖〟と名づけて抜粋し、まとめたものである。

＊編集部注　文中の作り方についての記述は、著者がその日に作った料理の分量ですので、あくまでも目安としてください。ただし、特にレシピを書き出したものは、４人分の分量を基本としています。「朝食」「昼食」「間食」「夕食」の表記は省き、それぞれの間を一行開けています。

9月8日　晴れ

2週間ぶりの熊本。昼間の日差しはまだ強い。夜は虫の声だけ。

バナナジュース　バナナ、ヨーグルト、牛乳、氷をミキサーにかける。

ジャージャー麺　玉ねぎ、干ししょうが、豚細切れ肉、畑の真っ赤なししとうは細かく刻み、菜種油で炒める。アミの塩辛と松の実も加えて炒め、酒、黒酢、にんにくじょうゆ、甜麺醬、豆板醬、黒七味で味と香りをつける。冷水でしめた中華麺を鉢に盛って肉みそをかけ、細かく刻んだピーマンとしその千切りをのせる。

梨　幸水

青柚子の寒天

栗と鶏の煮込みフェンネル風味　初物の栗と枯れかかったフェンネルの枝で、クレタ料理の本にのっていたお気に入りの栗料理を作ってみる。鶏骨つきぶつ切り肉は、粗塩とこしょうをまぶし、玉ねぎとにんにくは、粗く刻む。鋳物鍋を熱してオリーブ油を入れ、鶏肉を皮目から中火で焼く。こんがりと焼き色がついたら裏返し、玉ねぎとにんにくを加えて混ぜる。ふたをして弱火で10分ほど蒸し焼きにする。白ワインをかけ、弱火のままじんわりとアルコール分を蒸発させたらフェンネルの枝を入れる。ふたをして、弱火で30分ほど蒸し煮にする。鶏肉が柔らかく煮えたら、ゆで栗の果肉（やや固めにゆでて形をくずさないようにむく）を加え、ふたをしてさらに10分ほど弱火で煮る。塩味をととのえ、煮汁がとろりとしたら火を止める。

きゅうり、ししとう、プチトマト、玉ねぎのサラダ　きゅうり、ししとう、プチトマトは乱切りにし、玉ねぎは薄切りにしてオリーブ油、粗塩、ワインビネガーであえる。

かぼちゃパン　蒸したかぼちゃの果肉を練り込んでパンを作った。あまりかぼちゃの香りはしない。

アールスメロン　緑色。いまさらメロン？　と思ったが、固めでミルキーな果肉が美味。

ピオーネ　島根から毎年欠かさず届くもの。

9月9日　晴れのち曇り

朝から植木屋さんが来る。子供部屋の増築予定地にあった楓、モチノキ、プラム、ソルダム、ツツジ（大工さんはサツキと呼ぶ）、藤棚を庭のあちこちに移植。

厚切りトースト　角食パンを4枚切りにしてもらい、両面に軽く霧を吹いてもち焼きの網にのせる。250度のオーブンの上段で焼き、上の面がうっすら色づいてきたら裏返してさらに焼く。パンにもよるが5〜7分かけてきつね色になったら、薄切りのバターを全面にのせ、さらに1分ほどバターが溶けてパンにじんわりと染み込むまで焼く。温めた皿に盛ってすかさず食卓に運び、齧りつく。熱々はほんの一瞬だが、このほんの一瞬がおいしさの頂点である。上にさらに冷たいバターをたっぷりのせながら食べる。

白桃のジャム
ピオーネ、梨
牛乳

南関そうめん　南関名物といえば南関揚げとこのそうめん。初めて南関そうめんを食べた時はその風味とこしの強さにたまげた。贅沢品だが、食べる価値はある。生じょうゆと庭の初物の花柚子で。

梨、アールスメロン
黒豆ココア

焼きなすのおひたし　焼きなすの皮をむき、新しょうがのすりおろし、だし、しょうゆ、酢、大きくちぎった梅肉を合わせたものにひたしておく。青しその千切りをあしらう。
ししとうときくらげの炒めもの　半割りのししとうと手でちぎった生きくらげを太白ごま油で炒め、しょうゆを回しかける。火を止めて濃いごま油少々を加えて混ぜる。
卵丼　いりこと昆布のだし、みりん、酒、薄口しょうゆを煮立てて、薄切りの玉ねぎとしいたけをさっと煮る。卵は一人2個をざっと溶いて入れ、ふんわりしたら間髪入れず炊きたてのごはんにかける。庭の野みつばを刻んで散らす。
ふのりのみそ汁
アールスメロン
酒カステラ
牛乳

9月10日　晴れ
朝起きると、窓の外の楓がない。寂しい。とても寂しい。でも、気づけば南庭の一番いいところに移動していた。少しほっとした。
厚切りトースト　届いたばかりの愛しのバターをたっぷりと。
ケフィア　白桃のジャム。熊本に来てしばらくしてからケフィアを作り始めた。牛乳にケフィア菌を入れて一日室温におくだけの気軽さがよく、何よりそのほどよい酸味とさらっとした食感がやみつきになる。これを食べ始めたらヨーグルトは重く感じるようになった。ケフィアは料理にも大活躍する。

梨

牛乳

・市役所近くのうどん屋

おろしうどん

・緑の美しい美術館の庭先

黒豆ココア

きのこのクレーマ　玉ねぎを刻んでオリーブ油で蒸し炒めにする。途中粗塩をふり、色づき始めたら、しいたけ、ひらたけ、エリンギ、きくらげ（いずれも適当に手で裂く）、ローリエを加えてさらにじっくり蒸し炒めにする。きのこの強い香りが鍋の中一杯に漂ってきたら、水を加えて煮立てる。ブレンダーにかけ、ケフィアの乳清、牛乳少々でのばす。熱々をよそい、中心に丸くケフィアを落とす。

鹿バーグ　鹿ロース肉（すじを取る）は細かく叩く。バジリコ、スペアミント、玉ねぎのみじん切り、ディルの花、卵、塩、こしょうをたっぷり挽いてよく混ぜ、冷やしておく。ハンバーグの形にして中央をつぶす。鉄のフライパンをよく熱してオリーブ油を入れて強火で焼く。裏返したら250度のオーブンに入れて5分焼く。断面はいくらか赤くはあったが、もう少し血したたる感じがよかった。オーブンの温度を下げるべきだろう。

栗の焼きピラフ　雑穀ごはんにゆでた栗（半分は砕く）、つぶしたにんにく、刻んだパンチェッタとナッツいろいろ、フェンネルシード、粗塩、オリーブ油を混ぜる。パルミジャーノをすりおろし、250度のオーブンで表面がぱりっとするまで焼く。

なすとぶどうの宝箱　なす（その名も〝フィレンツェの紫〟。油とよく合う、イタリア風の実のしまったなす）を乱切りにし、水にさらす。水を切って厚手鍋に入れ、オリーブ油、ビネガー、シナモンスティックのかけら、粗塩を加えてふたをし、中火でとろりとするまで蒸し煮にする。なすの芯がなくなり、かつ煮くずれない程度で火を止め、サパ（ぶどうの汁を煮詰めた調味料）、干しぶどう（緑と紫2種）を加えて冷ましておく。器に盛り、冷たいぶどう（緑、濃い紫、ベージュがかった淡い紫など、軸からはずれてしまったとりどりの品種のぶどう粒が混ざったうれしい詰め合わせ）を宝石のように散らす。鹿バーグ、ピラフ、なすを一緒に盛り合わせて食べると止まらなくなる。

メロンの海に栗の島　緑色のメロンの果肉、種のまわりの汁、氷、牛乳をミキサーにかけて器に盛る。中心にゆで栗の果肉、栗みつ（栗の渋皮煮をつけていたみつ）、牛乳をねっとりするまで撹拌したピュレをのせ、上にシチリアのピスタチオのヌガーを刻んでのせる。

9月14日　晴れ

地鎮祭。竹垣が取り払われて、家は大きな森の中にあるみたいだ。

バナナジュース　バナナ、ケフィア、氷をミキサーにかける。
トースト　バター、はちみつ
メロン
牛乳

きのこうどん　手で裂いたひらたけとエリンギを菜種油で炒め、酒、塩をふって器に入れる。麺つゆ（昆布とかつおのだし、酒、みりん、しょうゆを煮立てて冷やす）、おろししょうが、ちぎったしそ、青柚子、ごまを好みで入れながら、氷水に浮かべた島原うどんを食べる。
巨大きゅうりのぬか漬け
青いみかん
ねばねばどうふ　つるむらさき、オクラ、モロヘイヤをゆでて梅干しと一緒に叩く。

木綿とうふにのせ、ごまをふる。

太刀魚の塩焼き　天草の太刀魚。酒を少し塗って焼いたらこんがりした。大根おろしと。

新栗ごはん　米、酒、塩、生栗（熱湯につけて皮をむく）、昆布（ちぎってところどころにのせる。一枚のせるよりも昆布の香りがしみて美味）を炊く。

にらのみそ汁　にらは小口に刻んで椀に盛る。いりこだしを沸かしてみそを溶き、熱々をにらの上によそう。

きゅうりのぬか漬け

みかん、梨、マスカット

9月16日　大雨

夕暮れ時、雨空の上半分が珊瑚色をしていた。空が何かを訴えたかったのかもしれない。

バナナジュース　バナナ、氷、牛乳

りんご

チーズトースト　厚切りトーストの要領で焼き、きつね色になったらコンテの薄切りをのせる。溶けてきたらパルミジャーノをたっぷりすりおろし、バターをのせてさらに焼く。粗塩をふる。

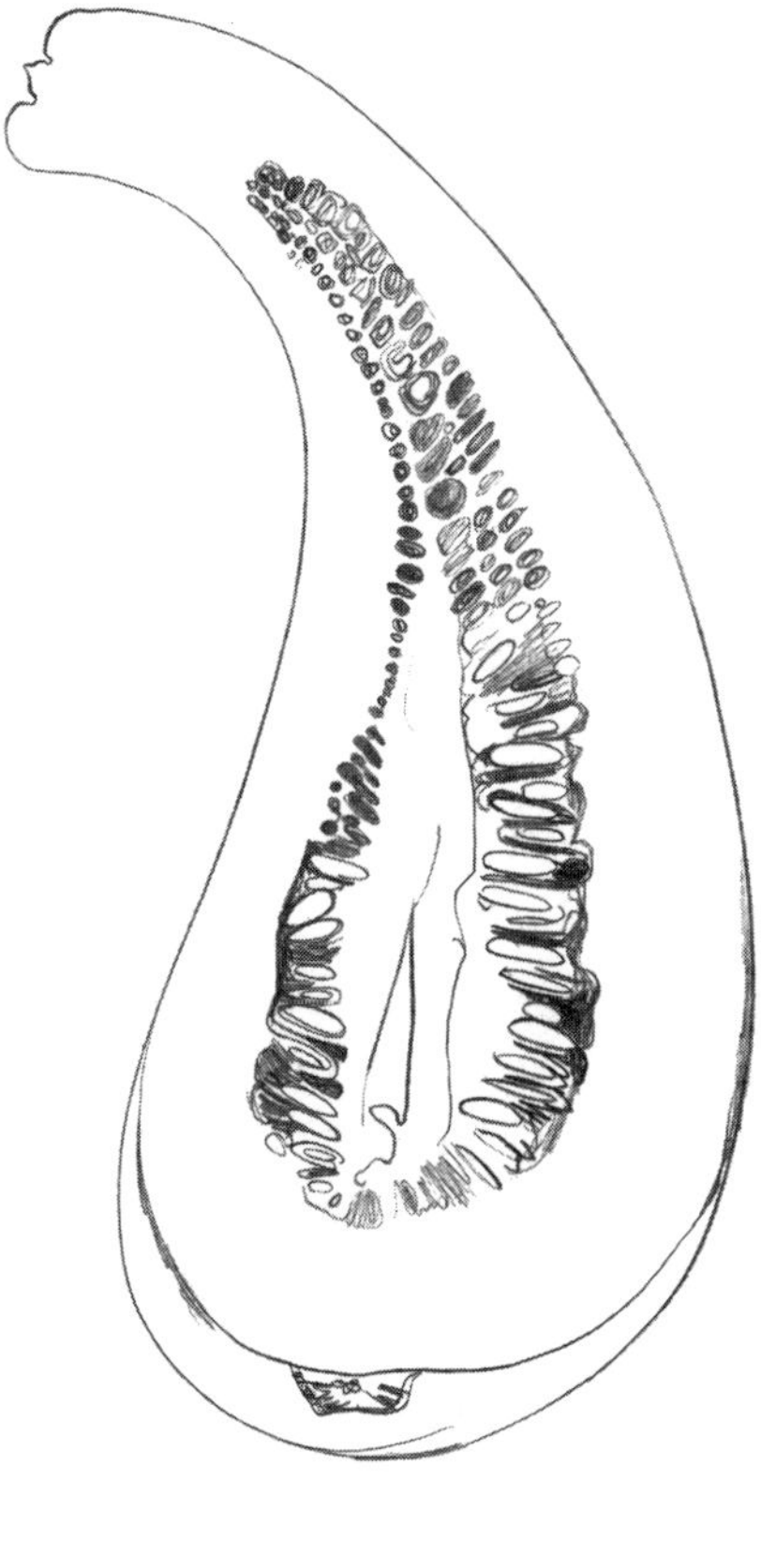

白瓜

白瓜と大根のコールスロー風　白瓜と大根はピーラーで薄く削り、刻んだ大根葉も加えて塩もみする。酢、マヨネーズであえる。

梨、ぶどう

紅茶

鶏肉と栗と小玉ねぎの煮物　鶏肉ぶつ切りは酒、しょうがの皮に漬けておく。鶏肉を菜種油で焼き、小玉ねぎを加えて炒め、漬けておいた酒をふって煮立てる。しょうゆ、みりん、酒、だし、しょうがシロップで煮含め、仕上げにゆでた栗を加えて軽く煮る。

焼きなすの梅酢あえ　なすは高温のオーブンで芯まで柔らかく焼き、皮をむいて、だし、酢、薄口しょうゆにつけて半日冷やす。供する前に梅酢漬けの紅しょうがのみじん切りと梅酢であえ、白ごまをたっぷり散らす。

新しょうがのごはん　米にしょうがの千切り、酒、昆布、塩を加えて炊く。

モロヘイヤのみそ汁　椀に細かく刻んだモロヘイヤを盛る。いりこだしを沸かしてみそを溶き、熱々を椀によそう。

きゅうりと大根のぬか漬け

メロン

9月19日　くもりのち青空のち土砂降り

食堂の窓辺に植えた小みかんが青々としている。ちょうどピンポン球くらいの大きさに育ってきた。かぼすには実がならなかった。市場に栗が並び始めた。

トースト　バター、はちみつ
ケフィア　はちみつ
りんご
牛乳

けんちん汁　いりこと昆布のだしで食べよく切った大根、紫いも、里いも、きくらげ、ひらたけ、しいたけを煮る。みそを溶き、刻んだ大根葉と小ねぎを散らす。
おにぎり　おかかの佃煮、梅干し、きゃらぶき
巨大きゅうりと昆布のぬか漬け
空豆の甘煮
メロン

栗のスープ　ゆでた栗の実をくり抜いて鍋に入れ、水をかぶるくらいに注ぎ、粗塩をふって強火で煮る。あくを取り、ブレンダーでなめらかにする。牛乳を加えてとろみと味をととのえる。弱火で混ぜながら温めて再びブレンダーにかけて表面に泡を立てる。熱い器に盛り、ゆで栗の果肉、栗みつ、牛乳、オリーブ油を混ぜたほん

のり甘いペーストをのせる。グレーベージュの淡い濃淡が美しい。
黄パプリカと黄プチトマトの蒸し焼き　小さな黄パプリカは、オリーブ油、ワインビネガー、塩を加えてふたをしてじっくり蒸し焼きにする。しわが寄って来たら火を止め、冷めてからプチトマトを加えて再び蒸し焼きにする。ほんのり温かいくらいがおいしい。
牛肉のアッチュガータ　ステーキ用に切った赤牛ランプ肉、もも肉は鉄鍋でレアに焼く。その間にソースを作る。つぶしたにんにく、オリーブ油を熱してうっすら色づいたら火を止めてアンチョビを加える。赤ワインビネガーを加えて煮立て、熱い皿に盛った焼きたての肉にかける。粗塩、こしょうをふる。
きゅうり　青いレモンと粗塩。
かぼちゃパン
青みかん、メロン
ビスケット
牛乳

9月20日　雨からくもりへ
朝、護光さんの大切なお客様に突如お昼を出すように言われ、いつになく気が重い。奇をてらわずトマトソースのスパゲッティでもと思ったが、トマトの季節でもないし、思い立ってパスタをこねる。「普通でいいよ、わざわざ手打ちでなくても」という声をよそに、ひたすらこねる。スパゲッティは慣れていないと意外と食べにくいものだし、遠くから来ていただくのだからせめてこれくらいは、と。こねてよかった！　自分の倍以上生きてきた方が、ひとつひとつの料理に興味津々、いちいち歓声を上げて食べて下さる。「次に来る時は馬のタルタルステーキをよろしく！」と颯爽と去って行った。こんなにうれしい食べ手は久しぶり。緊張などどこへやら、気を良くするとはこういうものだ。来年は馬でおもてなししよう。

バナナジュース　バナナ、ケフィア、氷
ビスケット

ゆで生落花生　今年の初物が市場に並んだ。結局1時間近くゆでただろうか。湯気の立つ熱々を。
焼きなすのペースト　なす（長なす、ずんぐりなす）は250度のオーブンで25分くらい、さわるとふわふわの腰抜けになるまで焼く。冷めたら皮をむき、レモン汁、塩、オリーブ油それぞれ少々（特に酸味と油はほんのり感じる程度が肝心。塩味もうっすらと）を加えてフードプロセッサーで撹拌する。取り出す時に少し残しておき、白練りごまを加えてさらに撹拌する。いずれも冷やさずにおき、盛る前によく混ぜる。焼きなすだけのペーストをよそい、中心にごま入りペーストを盛り、粗塩を軽くふる。肥後むらさきで作った時ほどジューシーにはならないが（あちらはほとんどスープとなり、ある意味斬新だった）、やっぱりこの料理はすばらしい。中

近東の知恵を拝借、だが味加減が命。
きのこのニョッケッティ　強力粉：水＝2：1で生地をこね、1センチ太さのひも状に伸ばして3センチ長さに切り、専用のしましまの板の上で転がしてニョッケッティを形作る。つぶしたにんにくをオリーブ油で炒め、フードプロセッサーで挽いたしいたけ、ひらたけ、きくらげのミンチ、粗塩を加えてふたをしてゆっくり蒸し炒めにする。香りが強く濃くなり、鍋底にきのこがはりつき始めたら火を止める。ニョッケッティをゆで、ざるに上げて熱いソースに加える。ゆで汁を加えながらとろりとするようあえる。器に盛り、パルミジャーノをすりおろす。
白い海に浮かぶ栗の島　ゆで栗の実をくり抜き、栗みつ、牛乳と撹拌してねっとりとしたペーストを作る。器に冷たい牛乳をはり、ペーストを真ん中にぽっかりと出現した島のように盛り、上に刻んだブロンテのピスタチオのトッローネをのせる。
エスプレッソ

・藤崎宮近くの中華料理店
焼きぎょうざ
揚げさんまの唐辛子ソース
東坡肉
なすとバジルの強火炒め
ごはん

チャーハン

梨

チーズクリームのロールケーキ

9月21日　くもり

柿の葉が少しずつ色づき始める。風が急に冷たくなった。

くるみのスコーン　バター

青みかん

冷たいラッテマッキャート

栗のきんつば

蒸しなすのナムル　長なすを丸のまま蒸してから冷ます。輪切りにし、にんにくのしょうゆ漬けの薄切り、そのしょうゆ、酢、刻み唐辛子、ごまであえる。

しいたけときくらげのナムル　手で大きく裂いたしいたけときくらげを菜種油でつやつやに炒め、青唐辛子、塩、しょうゆ少々を混ぜる。

生白菜のナムル　小さな柔らかい白菜を刻み、えごま油、ごま、粗塩であえる。

まながつおと小玉ねぎの韓国風煮つけ　小玉ねぎは皮をむいて底に十字の切れ込みを入れ、水、にんにくしょうゆ、コチュジャン、一味唐辛子、みりんで煮る。ほぼ煮えたらまながつおの切り身を加えて強火でさっと煮る。

ヤングコーンごはん　米、ヤングコーンの輪切り、もちきび、ごま油、塩を混ぜて炊く。

里いもと納豆のみそ汁　水に昆布といりこを丸一日つけ、1時間ほどかけてじっくり弱火で煮出す。皮をむいた里いもを煮て、煮えたら大粒納豆、みそを加えて弱火で熱々になるまで煮る。

メロン
七山の黒ごまのお菓子

9月24日　晴れ
昨日ですっかり石塀の骨組みができた。朝から大工仕事の音がしないと落ち着かなくなっている。

ケフィア　ラ・フランスのジャム
くるみのスコーン　バター
梨
ラッテマッキャート

オイルとパルミジャーノのタリオリーニ　乾燥のタリオリーニをゆで、ほどよい固さになったらざるに上げてざっと湯を切り、熱々の皿に盛る。オリーブ油をたっぷりかけ、パルミジャーノをたっぷりすりおろす。

トマトと小メロンのサラダ　トマトは半割り、小メロンは厚めの輪切りにしてオリーブ油、粗塩、レモン汁であえる。

ゆで栗、青みかん、梨

がんもと里いもの煮物　がんもは油抜きし、だし、酒、みりん、薄口しょうゆで煮含める。途中、煮汁を取って別の鍋に入れ、皮をむいた里いもを煮て、仕上げにうなぎのたれ（唐津土産のうなぎについていた）を少し加える。

山東菜の紅しょうがあえ　山東菜はゆでて食べよく切り、梅酢漬けのしょうがのみじん切りとその梅酢であえる。

なすときのこオムレツ　玉ねぎ、豚ばら肉、なす、しいたけはすべて角切りにして菜種油で炒め、塩、こしょう、しょうゆほんの少々で味つけする。卵に酒、塩、牛乳を加えて溶く。フライパンをよく熱し、菜種油をたっぷり入れて卵を流し、大きく混ぜてふんわりと焼く。熱々の具を入れて包み、皿に裏返して盛る。ウスターソースをかけて食べる。

きくらげのみそ汁

きゅうりのぬか漬け

ごはん
梨
ごまビスケット
空豆の甘煮

9月25日　くもりのような晴れのような
朝一番に市場へ。栗、柿、洋梨、落花生と秋の装い。夜は大家族で食卓を囲む。

厚切りトースト　菩提樹のはちみつ、バター
ケフィア　ラ・フランスのジャム
青みかん
ラッテマッキャート

きのこうどん　昆布といりこのだし、酒、塩、薄口しょうゆを煮立てて手で裂いたしいたけときくらげを入れ、ふたをして炊く。島原うどんを冷水でしめて鉢に盛り、熱々のきのこだしをかける。
きゅうりと小メロンのぬか漬け
太秋柿
葉巻の形をしたクッキー

牛乳

いかのアンチョビソテー　つぶしたにんにくをオリーブ油で炒め、いかの輪切りを加えて強火で炒める。白ワインをふりかけてアルコールを飛ばしたら、アンチョビ、こしょうを加え混ぜる。刻んだルーコラをたっぷり散らす。

かりかりパン　一度焼いておいたトーストを細く切って、かりかりになるまで焼く。オリーブ油、粗塩をふる。いかのソースをつけながら食べる。

なすのアグロドルチェ　なす（フィレンツェの紫）は、乱切りにして水にさらした後、こんがりと揚げる。刻んだ玉ねぎを炒め、干しぶどう、松の実、きび砂糖、ワインビネガーを煮詰めたところに入れてからめ、塩味をととのえる。

魚のクスクス　玉ねぎとわけぎの白いところを刻んでじっくりと炒める。フードプロセッサーでパセリ、アーモンド、にんにく、水、塩を挽いて「緑色の水」を作って加える。煮立ったらトマト水煮、シナモン、一味唐辛子、粗塩、こしょうを加えて味をととのえ、血合いをのぞいてよく洗った魚（真鯛とまだら顔の天草の魚）のあらを入れて強火でとろりとするまで煮る。全粒クスクスは鍋に入れて同量の熱湯でふやかす。生き車海老は殻ごとこんがりと炒めて小さく切る。クスクスをほぐし、海老、塩、こしょう、シナモンのすりおろし、一味唐辛子、オリーブ油を加えてさっくりと混ぜ、ふたをしてオーブンで蒸し焼きにする。あらは骨や鱗を慎重に取り除き、身をほぐしてスープに加える。スープ皿にクスクスを盛り、熱々のスープをかける。
ピエタングロア、ミモレット
チョコレートケーキ
ハーブティー

9月29日　晴れ
早朝から棟上げ式。酔芙蓉《すいふよう》の花が咲き、柘榴《ざくろ》の実が大きくなっている。夕方から友人たちを呼んで霧雨の中でもち投げをする。新しくできた塀の外に、のびのびと飛んでゆくもちの平和さ。

ラッテマッキャート
ケフィア　梅シロップ
厚切りトースト　バター、栗みつ、いちじくキャラメルジャム

トマトと小メロンのサラダ　トマトと小メロンは乱切り、青唐辛子は小口切りにしてごま油、塩、酢であえる。
柿
とじこ豆　菊池、鹿本地方の昔ながらのおやつ。炒った落花生(本来は大豆で作る)、砂糖(本来は黒砂糖、今日のは三温糖)、小麦粉、水を混ぜた生地を油を引いた鍋で練り上げ、竹の皮や巻きすで細長く包んで蒸してから、薄く切ったもの。

ざくろ

なすの揚げ出しと山東菜のおひたし　なす（フィレンツェの紫）は乱切りにしてこんがりと揚げ、しょうゆ、酒、みりん、だしを煮立てたところにつける。山東菜はゆでて食べよく切り、だし、酒、みりん、しょうゆで薄味にととのえたところに半日つける。盛り合わせて上から糸削りをたっぷりかける。

わかめときくらげのごまじゃこ　生わかめと生きくらげはさっとゆでて食べよく切る。酢、塩、しょうゆ、刻んだ小ねぎとあえ、かりかりに炒ったじゃことごまをたっぷり散らす。

さんまの塩焼き　大根おろし、青柚子

紫いもごはん　米、雑穀、そば米、紫いもの角切り、昆布、塩、酒、水を炊く。

みょうがとオクラのみそ汁　みょうがとオクラは細かく刻んで椀に盛る。だしを煮立ててみそを溶いて注ぐ。

梨、ぶどう、青みかん

9月30日　くもりから雨

窓の外から銀木犀や金木犀の香りが漂ってくる。今にも降り出しそうな空の下、霧の立ちこめるミラノの朝を思い出す。

厚切りトースト　バター、菩提樹のはちみつ

バナナジュース　ケフィア、完熟バナナ、氷をミキサーにかける。

紅茶

なすトマト辛めん　揚げなす（昨夜揚げたなすを少し取っておいた）をしょうゆ、にんにく、唐辛子、酢に一晩つけておく。菜種油で豆板醬、黒七味、一味唐辛子を炒め、トマトの角切り、きび砂糖を入れてとろりとしたらなすと合わせ、きくらげの千切り、刻んだ小ねぎ、ちぎったバジリコを加える。冷水でしめた中華麺にかけ、炒った松の実と白ごまを散らす。

梨

山鹿ようかん

栗のパスタ　中力粉（人吉の無農薬のもの）と水で生地をこねてしばらくおく。ひも状に伸ばし、約2センチの長さに切って親指と人差し指でつまんで両側から引っ張り、いびつな楕円形のパスタを作る。冷蔵庫で1週間ほど寝かせて甘みを増した栗は、柔らかくゆでてから皮をむき、パスタとなじみのよい大きさに割る（縦の亀裂に沿って割るとよい。ボロボロにくずさないように注意する）。湯を沸かしてセージの枝を入れて香りを移したら、粗塩を入れ、パスタをゆでる。パスタがほどよい固さになる直前に手付きのざるに栗を入れ、パスタをゆでている鍋の中で温める。パスタを栗のざるに上げて熱々の皿に盛り、ゆで汁少々とオリーブ油を全体がつやつやするくらいかける。パルミジャーノをパスタが見えなくなるくらいすりおろし、粗塩を少しふる。粉の香りと食感、栗の甘さ、柔らかくなったセージ（しっとりしておいしい）、たっぷり絡むチーズが思わず唸るほど美味。

小玉ねぎのフリッタータ　小玉ねぎは、縦半分に切ってフライパンに重ねないように並べる。水、粗塩をふり、オリーブ油をぐるりと回しかけてじっくり蒸し焼きにする。柔らかくなったら裏返し、全体がほんのり色づき芯までしっかり火が通ったら、火を止めて蒸らしておく。卵（二人で3個）にたっぷりのパセリ、少しのミントのみじん切りを加えてざっと溶く。卵を入れる前に玉ねぎの切り口を下にして並べ直し、ふたをしたまま火にかける。熱々になったら卵液を流し入れる。最初は強火で玉ねぎをくずさないように大きく混ぜたら、火を弱めて蒸し焼きにする。表面の卵が少し流れるくらいで火を止める。

小メロンときゅうりのサラダ　小メロンは皮をむき、きゅうりとともに薄切りにして青いレモンの汁、オリーブ油、粗塩であえてこしょうを挽く。

梨

10月2日　くもり

気がつけば柿の木の葉は朱と橙の濃淡になっている。夕刻、金木犀の香る庭を椿と散歩。夏の間すっかり忘れていた享楽をしばし味わう。むかごはまだまだ小さいが、見つければ採らずにはいられない。葉陰に見え隠れする実もまだまだ淡い緑色をしている。こんな時間こそが、何よりも宝。

マフィン（ドライクランベリー、ドライブルーベリー入りで、まわりにはごまがたっぷり）　バター

ケフィア　瓶の底に残った栗みつ（ジャリジャリして特別おいしい）

ラッテマッキャート

昨日の煮びたしの汁でうどん　大根の抜き菜と油揚げの煮びたしの汁で、薄切りにしたしいたけをさっと炊き、熱いうどんにかける。ゆでて叩いたオクラ、刻んだみょうが、梅干しをのせる。

梨（二十世紀）、庭の柿

我流油淋鶏《ユーリンチー》　鶏もも肉1枚は酒大さじ1、黒酢大さじ1、粗塩、しょうがの皮につけておく。しょうが、にんにく、赤唐辛子（種ごと）のみじん切り、梅シロップ大さじ1、しょうゆ大さじ2、酒大さじ1、酢大さじ2、豆板醬小さじ1、ごま油大さじ1でたれを作る。紫いも、パプリカ、なす（フィレンツェの紫）の順に素揚げにする。鶏肉は片栗粉大さじ1をまぶし、じっくりこんがり揚げる（分厚いところに火が通りにくいので、かなりじっくり揚げるべし）。揚げ野菜を盛り、切った鶏肉をのせ、たれをかけ、小ねぎの小口切りとスペアミントの葉を散らす。油淋鶏と言えば雲南の山間の村で食べたものを鮮烈に思い出す。鶏を丸ごとゆで、ゆで汁は

スープにして（その日はとうふとミントだけでスープを作ってくれた！）、残った鶏を丸ごと揚げてたれをかけたものだった。なるほど、油淋鶏の発祥は、だしガラになった鶏をおいしく食べる知恵なのだろうかと想像して、ありがたく食べた。

空芯菜のにんにく腐乳炒め　つぶしたにんにくを菜種油で炒め、食べよく切った空心菜を加えて強火で炒め、鮮やかな緑色になったところで酒をふり、腐乳とごま油を混ぜる。

小きゅうりの即席漬け　小きゅうりを半割りにし、粗塩、つぶしたにんにく、青唐辛子のみじん切り、ごま油であえる。

きのこのスープ　いりこと昆布のだしでしいたけ、きくらげ、ひらたけの千切り（ひらたけとしいたけの軸は細かく刻む）を煮て、酒、塩で味をととのえる。

むかごごはん　新米に庭のむかごをのせて炊く。

10月5日　霧雨、雨

台所の前に植え替えたすももの樹。一本は若葉が出てきているが、もう一本は死んでしまったようだ。本当なら臙脂色の葉が秋を彩ってくれたのに。

全粒粉のスコーン　バター

ロイヤルミルクティー

サンドイッチ　ツナ、ハム、卵
牛乳パン
レモングラスのほうじ茶

秋かますの塩焼き
高菜の油びたし　高菜を食べやすく刻んで鍋に入れる。菜種油と粗塩少々であえてふたをして柔らかくなるまで蒸し煮にする。皿に盛り、糸削りをかける。
生わかめの酢の物　わかめをつゆ（しょうゆ、みりん、酒、だしを煮立てて冷やしたもの）、酢であえ、みょうがの千切りをあしらう。
しいたけのみそ汁　だしを沸かしてしいたけのみじん切りをさっと煮て、みそを溶く。
新米ごはん
小きゅうりのぬか漬け
おかかのふりかけ
梨
ヨーグルト　いちじくジャム

10月6日　晴れ
朝から庭で栗拾い。夕べの雨で泥がついているが、まあるい綺麗な実がとれた。銀木犀が散り始め、一面にまさしく銀色の絨毯が広がっている。夢のような現実。

厚切りトースト　バター、菩提樹のはちみつ、いちじくのジャム
みかん
ラッテマッキャート

いなりずし、塩むすび
みかん
どら焼き
ほうじ茶

なすのごまじゃこ　なす（肥後むらさき）は皮をしま目にむき、2センチの厚さに切って水にさらす。鍋にごまとじゃこを入れてごく弱火でかりかりになるまで炒る。取り出して太白ごま油を引き、なすを入れたらふたをしてじっくり蒸し炒めにする。火が通りはじめたら酒、塩をふり、さらに火を入れる。柔らかくなったら酢を加えて煮立て、酸味を少し飛ばしてから器に盛る。上にごまとじゃこをたっぷりかける。しょうゆとすだちを少々たらしても美味。

がんもどきの網焼き　焼きたてにしょうゆをかける。ゆでた高菜とおろししょうがを添える。

わかめとねぎのみそ汁
ごはん
生卵
梅干し
栗、柿
ラムレーズンアイスクリーム

10月7日　晴れ
枝に残る柿の葉と、散った柿の葉が半分ずつくらいになってきた。目に飛び込んでくるのは葉ばかりで、実の姿はない寂しさ。来年は実るだろうか。

シナモントースト　厚切り食パンにシナモンと粒の粗いきび砂糖をたっぷりふる。250度のオーブンでこんがり焼き、ほぼ焼けたところでバターをところどころにのせ、ジュワジュワするまで焼く。冷たいバターをのせながら食べる。
ラッテマッキャート
みかん

・ホテルの宴会場
野菜のポタージュ

ロールパン
ラズベリーのソルベ

イチボのステーキ　よく熱した鉄の中華鍋に一番搾りのごま油を入れ、赤牛のイチボをレアに焼く。取り出してつぶしたにんにく、酒、しょうゆを煮詰め、肉を戻し入れてからめる。
炒り卵　卵に塩少々、きび砂糖（卵1個に小さじ1）、酒を入れてざっと溶く。中華鍋を熱して太白ごま油をたっぷり入れ、強火でふんわりと半熟に炒める。
芥子菜のおひたし　芥子菜は塩をきかせてゆで、食べよく切って糸削りをふんわりのせる。
生わかめのナムル　さっと湯通ししたわかめをざく切りにし、つぶしたにんにく、ごま油、酢であえる。
にらのみそ汁
ごはん
大根のぬか漬け
のり
みかん、柿、梨
ピーカンナッツの焼き菓子

10月22日　晴れ

丹後半島・久美浜の食材を使って料理教室。梨と銀杏の前菜、かぶのパスタ、いのししの煮込みフェンネルシード風味、さつまいものモンテビアンコを作る。会場の入り口の籠には山盛りの色とりどりのぶどうや柿、野の花々。

厚切りトースト　バター
ケフィア　しょうがのはちみつ漬け
ホットミルク

・母の料理
春巻き
鶏の唐揚げ
がんもどき、れんこんもち、ねぎの煮物
たたきオクラ
フリルレタスのサラダ
とうふのみそ汁
ごはん
きゅうりと大根のぬか漬け
梨（新興）、ぶどう（黒、ピンク、緑）、柿（早秋）

11月13日　晴れ

三十代最後の誕生日。この年で誕生日などめでたくも何ともないが、みなで集まる言い訳にする。ご祠堂を前に炭をおこし、野趣に富む祝宴となる。

だご汁　大根、にんじん、ひらたけ、ねぎ、からいも、庭の里いもとかぼちゃを煮えやすく切る。昆布といりこのだしに酒を加え、野菜の香りと甘みが十分に出て柔らかくなるまで煮る。人吉の地粉を水でこね、ちぎってゆがいただご（量が多かったので別にゆでた）を入れ、みそを溶く。

むかごと黒枝豆のおにぎり　米にむかごを入れて炊き、ゆでた枝豆を加えて蒸らす。塩をつけてにぎる。

白菜のサラダ　白菜の千切りをえごま油、酢、塩であえる。焼き肉にはこれ。

焼き肉

①いのししロース肉：粗塩をふり、こしょうを挽く。

②いのししばら肉：しょうゆ、ごま油、コチュジャン、きび砂糖、焼酎、にんにくすりおろしであえる。いつ作ってもこれは好評で、必ずたれの作り方を聞かれる。

③豚ばら肉：ごま油、塩、こしょう、ねぎみじん切り、にんにくすりおろしであえる。

野菜焼き　満願寺唐辛子、オクラ、からいも

栗クリームのロールケーキ

11月19日　晴れ

書と華の会の前夜祭。大広間で座卓を囲む。

トースト　バター

柿

紅茶

・仁王さん通りのうどん屋

ぶっかけうどん　大根おろし、わかめ、別皿でごぼ天

みかん

いのししのラグーのフジッリ　いのししは一口大に切り、赤ワイン、刻んだ香味野菜（玉ねぎ、にんにく、にんじん、セロリ）、ジュニパーベリー、クローブ、黒粒こしょう、赤唐辛子、シナモンスティック、フェンネルシード、ローリエ、セージに二晩つけておく。玉ねぎ、にんにく、にんじん、セロリをみじん切りにして鍋に入れ、オリーブ油をたっぷり入れて中火で炒める。粗塩をふって蒸し炒めにし、野菜の甘みと香りが凝縮したらいのししをつけ汁ごと入れ、トマト水煮とヴィンコット（ぶどうの汁を煮詰めた調味料）を加える。強火で煮立ててあくを取り、ふたをして弱火で3時間ほど煮込む。肉の繊維まで柔らかく煮えたら、ふたを取ってさら

にとろみがつくまで煮る。塩味をととのえ、ゆでたフジッリとよくあえる。
むかごのフォカッチャ　強力粉（ミナミノカオリ）、ドライイースト、オリーブ油、塩、水をこねて倍の大きさになるまでふくらませる。平たく伸ばした生地にむかごを埋め込み、さらに30分ほど発酵させる。粗塩をふり、霧を吹いて220度で15分焼く。
キャベツ、白菜、カリフラワーのオリーブ油煮　手でちぎったキャベツと白菜、小房に分けたカリフラワー、大根菜、ねぎの白い部分を赤唐辛子、オリーブ油、粗塩であえてじっくりと蒸し煮にする。
紫いものピュレ　紫いもとからいもは焚き火で芯まで柔らかく焼く。鍋に入れ、にんにく、セージ、粗塩、水を入れて煮る。にんにくとセージをのぞいてへらでとろりとするまでかき混ぜ、皿に盛ってオリーブ油をかける。
秋のマチェドニア　りんご（王林）、柿（固いもの、ほどよいもの、熟れたものをそれぞれ一つずつ）、みかんを乱切りにし、柚子の汁であえて冷やしておく。

12月1日　上海　晴れ

上海二日目。ビルの建ち並ぶ大通りや旧フランス租界の瀟洒な通りをそぞろ歩く。中国にしては一見小綺麗すぎるこの街で、雲南の旅で経験した胃の腑をえぐるようなあの空気を求めて、上っ面だけではない、真っ当な食堂を探し求める。

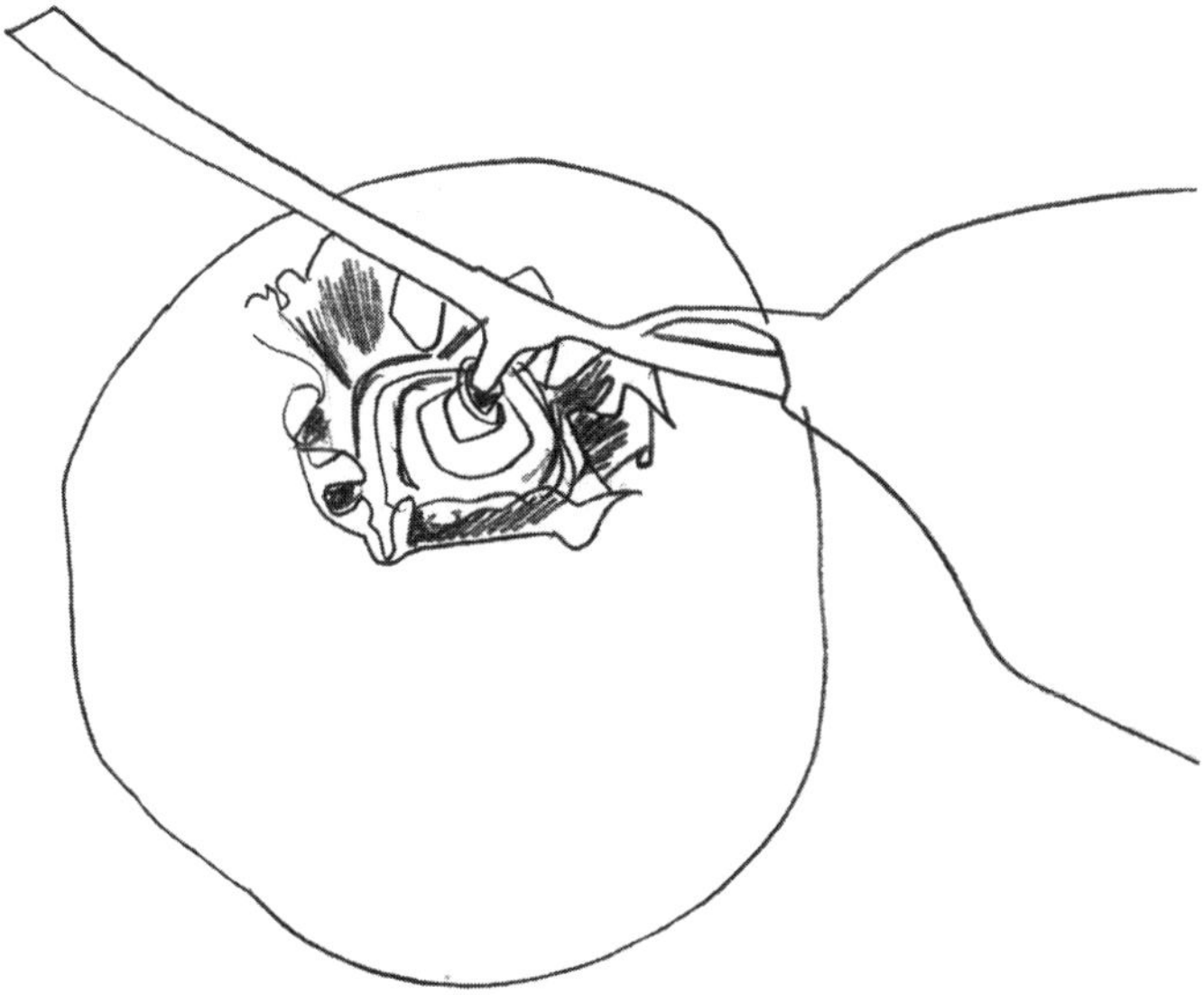

柿

・ホテルの近くの食堂の店先
肉のマントウ

・ホテルの朝食室
紅茶と果物

・長楽路の麺の店（上海に来て初めて食指が動く店を発見。嫌がる妹を強引に連れ込む）
お好み麺　細麺に白いスープをかけ、ガラスケースの中の好きなおかずを指さして上にのせてもらう。雪菜、辣油色の挽き肉、しょうゆ卵、もやしとピーマンのあえもの、搾菜のあえもの。なかなか美味。

・进贤路の食堂（道端で上海暮らしが長いという妹の友達に出会った。咄嗟に好きな食堂を尋ねると教えてくれたのがここ。大当たり）
青唐辛子入り東坡肉
黄にらと卵の炒め
豆苗炒め　腐乳風味。腐乳もとても香り高い。
酸辣湯　スープが臓物くさく、ちょっと苦手。
飯

12月2日　上海

いまは上海では数少なくなったという屋台街をめざして早朝からひたすら歩く。ようやく辿り着いた路には五、六軒の小吃屋《シャオチー》が立ち並び、湯気が立ち上る店もちらほら。散歩途中にぽっかりと湯気とともに現れる路地裏の屋台とは違って整いすぎの感はあったものの、この時のために用意しておいた空腹と好奇心から、そのうちの一軒に立ち入る。混み合う店内にベビーカーを押して入るも嫌な顔はされず、かといって笑顔を向けられるわけでもない。みな黙々と、ただ目の前のどんぶりと手の中の油条やら何やらに食らいつくだけだ。その後訪れたビルの中の服飾市場は、ただ安いだけの洋服や雑貨が所狭しと積まれた小さな店がひしめいていて、籠に押し込められたハムスターのような気持ちになり、いたたまれなくなる。昼間の鬱憤を晴らすように、夜はまたあの食堂へ駆け込み、孤独な食事を積極的に楽しむ。女主人の目の奥には、今日もするどい何かが光っていた。

豆花　できたての柔らかいとうふにザーサイ、干しえびなどをかけ、しょうゆ色のスープを注ぐ。

ねぎ入りごまパン

・服飾市場近くのビルの中の食堂

麻辣湯　好みの具をゆで、劇的に辛いたれなどをかけてもらう。店が綺麗すぎて落ち着かない。

・同じく市場近くの屋台
ウィグルの甘いごまパン　餃子の具のような詰め物の入ったパンをたっぷりの油でこんがり焼いたもの。

・昨夜と同じ食堂
揚げ魚の酒粕唐辛子だれ　昨日まわりの客が食べているのを見てから、いつかはと念じていた料理。見た目からは刺激的な辛さと香りを想像していたが、食べてみたらわりと優しい味だった。
小さな青梗菜の炒め
揚げ青唐辛子のしょうゆだれ
飯
搾菜、卵、豚肉のスープ

12月3日　上海　晴れ
黙々と食べる人でごった返す朝食屋に入るのを躊躇して、今朝は近くの道ぞいの石段に腰掛けて食べることにする。タンドールのような構造の簡素な鉄製の竃で焼かれたパンのようなパイのような食べ物は熱々で、小麦粉の層にバターと砂糖がじんわりとしみ出ていて思わず顔がほころぶ。久しぶりの甘い朝食。朝は粉とバターと砂糖を体が欲する。一緒に豆乳を頼むと、大きなステンレスの容れ物からベコベコのプラスチックのコップに注いでくれた。ストローで吸い上げていると、底に行くほどほんのり甘くて、かさかさとしたパイとよく合う。この組み合わせがたったの2元とは頭が下がる。上海の朝は、私の果てしない好奇心を沸き立たせる。道を歩き、湯気が立つ店の前に止まり、ねぎがちらほらと織り込まれた花巻を買い、続いて別の店で青菜入りのマントウを買う。芥子菜のような香りのほろ苦い葉っぱに混じり、刻んだ厚揚げが入っているのが見える。青菜と油揚げの組み合わせは日本だけではないらしい。ふかふかの生地に染みる青菜の香りが鼻に抜け、むさぼるように食べる。

粉もので膨れたお腹を抱えて見知らぬ道を半日かけてたっぷり歩いていると、昼時には麺が食べたくなって「面」の文字を探してしまう。煉瓦づくりの建物が建ち並ぶどこか西洋的な道の途中で、人々が次々と吸い込まれてゆく簡素な店を見つける。店のガラス越しに中をのぞくと、壁の献立はすべて「面」ばかり。ここだと直感して大混雑を分け入り、ベビーカーで眠る娘の存在もどこ吹く風、店に入って順番待ちの列に加わり、食券を買う。「麻醤面、8元」。人がまともに歩くこともできないほどごった返した店内は、麺をすする者、客の隙間を乱暴に縫ってどんぶりを運ぶ店の者、中国人の欲望と身勝手さがとぐろを巻いているような恐ろしい空間。それでも私は入り口近くに張り付いたまま、今か今かと席が空くのを待ち、子連れの私に席を譲ってくれる人が出てくることを当然のように期待していた。しかし刻々と時間は過ぎる。我が子の背中によくも熱いスープをこぼしてくれたと店中に響き渡る声で怒鳴る女。母の声に救われるどころか縮み上がる息子。こっちは悪くないと開き直るお運びの娘。遠くから野次を飛ばしながら麺を飲み込む他の客。どこのテーブルも、唐辛子色の油やどす黒く煮込まれた肉で彩られた麺の入ったどんぶりがひしめき、人々はそれぞれ一心不乱に食べ、席が空けば順番などはお構いなしに腰を下ろす。

目の前の席がようやく空いて座ろうとした瞬間、どこからともなく現れた女が大きな腰で陣取り、相棒らしき男にまでも席を奪われた。まるで私たちなど存在しないかのように二人が喋り続けたので、さすがに嫌気がさして食券を返して返金してもらう。

その後も麺への執着が消えぬまま、直感と嗅覚だけを頼りにいくつかの店を渡り歩いた挙げ句、道端に立てかけられた赤いペンキ塗りの献立の前で足が止まり、釘付けになる。書かれているのは面、面、面……。麺ばかりということだけはわかった。吸い寄せられるようにして路地裏へ突き進むが、食堂らしき店はどこにもない。あるのは、様々な粽《ちまき》を並べた質素な売店のような店だけ。店頭には人の悪くなさそうな老人が立ち、その前には安っぽいプラスチックのテーブルで、空っぽのどんぶりを前にぼんやりとしている男が一人。いったんは通り過ぎたものの、今日の昼餐はここ以外には考えられぬと覚り振り返ると、すでに三人組の先客が注文をしている。すかさず次に並んで〝辣醬麺〟なるものを注文。店の中をのぞいてみると、厨房と呼ぶにはお粗末すぎる穴蔵のような空間の片隅に白い粉がまぶされた生麺がどっさりと積まれ、大鍋には綺麗な乳白色のスープが湯気を立てている。卓上には搾菜、肉、見るからに辛そうな何かなどなど、麺の具らしき数々の食材が琺瑯の容れ物に盛られて所狭しと並んでいる。ようやく自分の来るべき場所に来たと安堵して、老人が広げてくれた折りたたみのプラスチックテーブルの前に座る。するとほどなくして男が四人やってきて、いつの間にか路地裏は客で埋め尽くされる。運ばれてきた白いスープは紅色の油で染まり、申し訳程度の具がちらほらとのっている。一心不乱に食べ、私はほっと胸をなでおろした。

・石畳の道端
バター砂糖入りごまパン

豆乳
芥子菜入りマントウ

・路地裏の青空麵食堂
辣醬麵　鶏ベースらしきあっさりした白っぽいスープと細い麵。具は唐辛子色をした油であえた固いとうふ、じゃがいも、筍のようなものの角切り、青ねぎがあるかないかくらいにちょっと。

・雲南南路の火鍋屋　夕飯の場所を探しあぐね、結局火鍋屋に入ることにする。この界隈では一番の熱気で、店の前では順番待ちの鍋に木炭がくべられて赤々と燃えている。他のどの店よりも、使い古された鍋のたたずまいが美しく、数ある火鍋の店の中から迷わずここを選ぶ。
羊骨入りのスープ　棗《なつめ》やくこの実、蓮の実が入っている。使い込んだ銅製のジンギスカン鍋の中心では木炭が燃え、汁は地獄風呂のように煮えたぎっている。羊肉盛り合わせ、香菜、豆もやし、トックのような細長いもち、羊レバー、トマト、冬瓜、魚のすりみ団子、雪菜、干し湯葉、えのき、きくらげ、乾麵などを好みで煮て、辣油、沙茶醬、芝麻醬、にんにく油、刻み生唐辛子、腐乳入りごま醬など、各種のたれをかけて食べる。羊は道端に足のついたまま黒い袋に入れて並べられ、店先でどんどん薄切りにされて肉の山になってゆく。骨も肉も羊特有の香りはなく、レバーに至ってもあっさりとしていたのは驚き。北京の羊鍋と比べるとずっと野性的であった。美味。

12月4日　上海　晴れ

上海滞在の一大行事、料理教室のための食材を求めて、昨日までの散歩途中に出くわした市場を渡り歩く。プラタナスの道にもだいぶ慣れてきた。

・路地裏の屋台をはしご
ごまパン　砂糖バター入りとねぎ油入り。
豆乳　ほんのり温かく、うっすら甘い。
芝麻包子　甘い練り黒ごま入りのマントウ。
素菜饅頭　小さな青梗菜と厚揚げの薄切りを炒めたものが入っている。

・アジアとヨーロッパが交錯するアパートで料理教室
柑橘のサラダ
カリフラワーのパスタ
シチリア風ポルペッティーネ
パンナコッタ・グラッパ風味

・またもや进贤路の食堂　今日は大勢なのでたくさん食べられる。
尖唐紅焼肉　揚げた万願寺唐辛子入り黒々した豚の角煮。
クローバー？の炒め　葉っぱは柔らかく癖がない。市場で三つ葉のクローバーらしき可憐な葉っぱがどっさりと積まれているのを見るたびに一度は食べたいと思っていたら、念願叶ってようやくありつけた。この食堂でもほとんどの客が注文していたが、なかなかどうしておいしい葉っぱである。葉っぱは中国においては単なる葉っぱの域を超えて、宝石のような輝きを見せることに、この国の料理の深遠さを感じずにいられない。
マーシュのような葉っぱの炒め　こちらは塩味だけの清潔な味。これもすばらしい。
麻辣豆腐　麻婆豆腐ではない。肉なしで、豆板醤らしき調味料とねぎまたは葉にんにくで炒めた柔らかなとうふは、肉の余計な旨味や片栗粉のとろみもなくてすっと喉を通る。こういう料理はこの国ではきっとごく当たり前のもののはずなのに、我が国では麻婆豆腐の勢力が強すぎるのか今まで出会うことがなかった。
貝ととうふの醤油味の土鍋煮込み　なすの土鍋煮込みを頼んだら間違えてこれが運ばれてきた。それを指摘できるほどの言葉を知らず、甘んじて受け入れる。とうふが続いたが、味わいはまったく違う。
干焼昌魚　マナカツオのように平べったい、でももう少しあっさりとした白身魚を素揚げにして、豆板醤と酒粕のような調味料で作ったたれがかかっている。前回一人で食べた時に十二分に味わったので今日はほどほどに。

湯葉、冬筍、豚肉のスープ　女主人にスープを食べたいと言うと、これを薦められた。肉の文字を見て肉の旨味たっぷりの重たいものを想像していたら大違い。すばらしいスープであった。三つ編みに結んだ生湯葉、小さくて柔らかい冬の筍、大ぶりに切った様々な部位の豚肉はふんわりと柔らかく煮込まれ、白いスープの中で渾然となっている。時価。名前は忘れたが、また必ず食べたい。

飯

12月5日　上海　晴れ

今朝はしばらく歩くと汗ばむくらいの陽気。上海最後の日。

・いつもの石畳の朝食屋

生煎

油条

豆乳

・清真料理の麺屋

油揚げ入り刀削麺　中国語で「素鶏面」とあったので、塩味のさっぱりした鶏の麺かと思って頼んだら、丸天（=平たくて丸いさつま揚げのこと）にそっくりな油揚げがのってきたので拍子抜けした。一瞬、鶏のつみれを平たくして揚げたものかと思ったが、実際は中国版油揚げだった。身勝手な期待はずれで少しがっかりしつつも食べ進めてみると、スープの香りのひだの多さに気づく。いくつもの香辛料の香りだ。スープに刻んだ香菜が浮かび、好みで刻み唐辛子と黒酢を入れて食べるところは、きつねうどんにねぎが浮かんでいて、七味を入れて食べるのとさして変わりはない。刀削麺は雲南で食べたように削り立てではないようだったが、最後まで伸びることなく心地よい噛みごたえが続く。昆明の刀削麺屋の感激にはほど遠かったものの、意外にも奥深く香り高い昼食となった。お客の顔立ちは上海の他の店で出会う人々よりもずっと目が細くてプリミティブな雰囲気。こういう店ではつい他の客が食べているものを臆面もなく目で追ってしまうのだが、トマトソースのパスタかと見紛うようなトマトたっぷりの麺料理が多いことに気づき、麺ロードの存在をしかと胸に刻む。次回はトマト入りを頼むと心に誓って店を出る。

・モダンな雰囲気の四川料理店

酔っぱらい鶏　骨つきの蒸し鶏が落花生入りの唐辛子色のたれに浸かっている。

ほんのり辛くて酸っぱいわらび粉麺

なすの炒め物

白菜と栗のスープ煮

焼け石で作る豆花　うっすら翡翠色をした豆花。搾菜、揚げ大豆、香菜のペースト、腐乳、ごまだれを好みでのせる。

蓮の葉で蒸し焼きにしたチャーハン
焼き餃子
ごま団子
揚げごま団子

12月6日　くもり　上海―福岡―熊本　くもり

2週間ぶりに家に帰ってみると、椿の記念樹の椿にいくつも白い花が咲いていた。葉っぱは黄色く枯れてあまり元気がない。まだ舌が中国の味に親しんでいるせいか、パスタを食べても異国の味に感じてしまう（異国の味には違いないのだが）。

・屋台へ行く時間がなく、泣く泣くホテルの朝食室にて
メロン、すいか、ライチ
紅茶

・上海空港
野菜の麺

くるみのリングイネ　つぶしたにんにく、殻から出したくるみを刻んでオリーブ油で炒める。くるみが香ばしく、カリッとしたら、塩とペパーミントの葉を加える。

リングイネをゆでて熱いソースに入れ、ゆで汁も少し加えてあえる。パルミジャーノをすりおろす。

キャベツと白菜のオリーブ油蒸し　手で大きくちぎったキャベツと白菜、下仁田ねぎの青いところ、赤唐辛子、オリーブ油、粗塩を鋳物鍋に入れてあえ、ふたをして中弱火で蒸し煮にする。野菜の芯までくったりとして、様々な香りが一体となったら火を止める。

スティックセニョールのゆでたの　オリーブ油、粗塩をかける。

蒸しプチパン
いちご

12月7日　くもり
上海よりだいぶ寒い。昼は、久しぶりに油抜きの食事だった。椿とふたりの夕飯で、すっかり日本の味に戻った。おいしいね、と何度も言い合って食べた。これだけくつろいだ食事はいつぶりだろう。

かぼちゃのパン　バター
紅茶

釜揚げうどん　大根おろし、しょうゆ、柚子胡椒で。
水菜と栃尾揚げのあえもの　水菜はゆで、栃尾揚げは網であぶる。それぞれ食べよく切り、しょうゆ、柚子の汁であえ、金ごまを散らす。
みかん

からすみ
納豆　ねぎ、しょうゆ。珍しく何十回も混ぜてみた。
烏骨鶏の卵　生をしょうゆで。
庭の芥子菜と白菜としらすの炊いたの　軸をとった芥子菜、白菜、釜揚げしらすをごま油、塩、米焼酎の古酒ほんの少々で蒸し煮にする。
里いものみそ汁　いりこだしで里芋を炊き、米と麦の合わせみそを溶く。椀に盛り、しょうがをしぼり、完熟かぼすの皮をすりおろす。
かぶの一夜漬け　かぶとかぶの葉を塩もみしてしぼり、かぼすの汁、皮の千切り、酢であえる。
庭の柿、りんご

12月8日　雨

外は冷え冷えとしている。風邪がぶり返して昼近くまで起きられない。今日は一歩も家の外に出なかった。夜は男ばかりのお客さん。

どら焼き

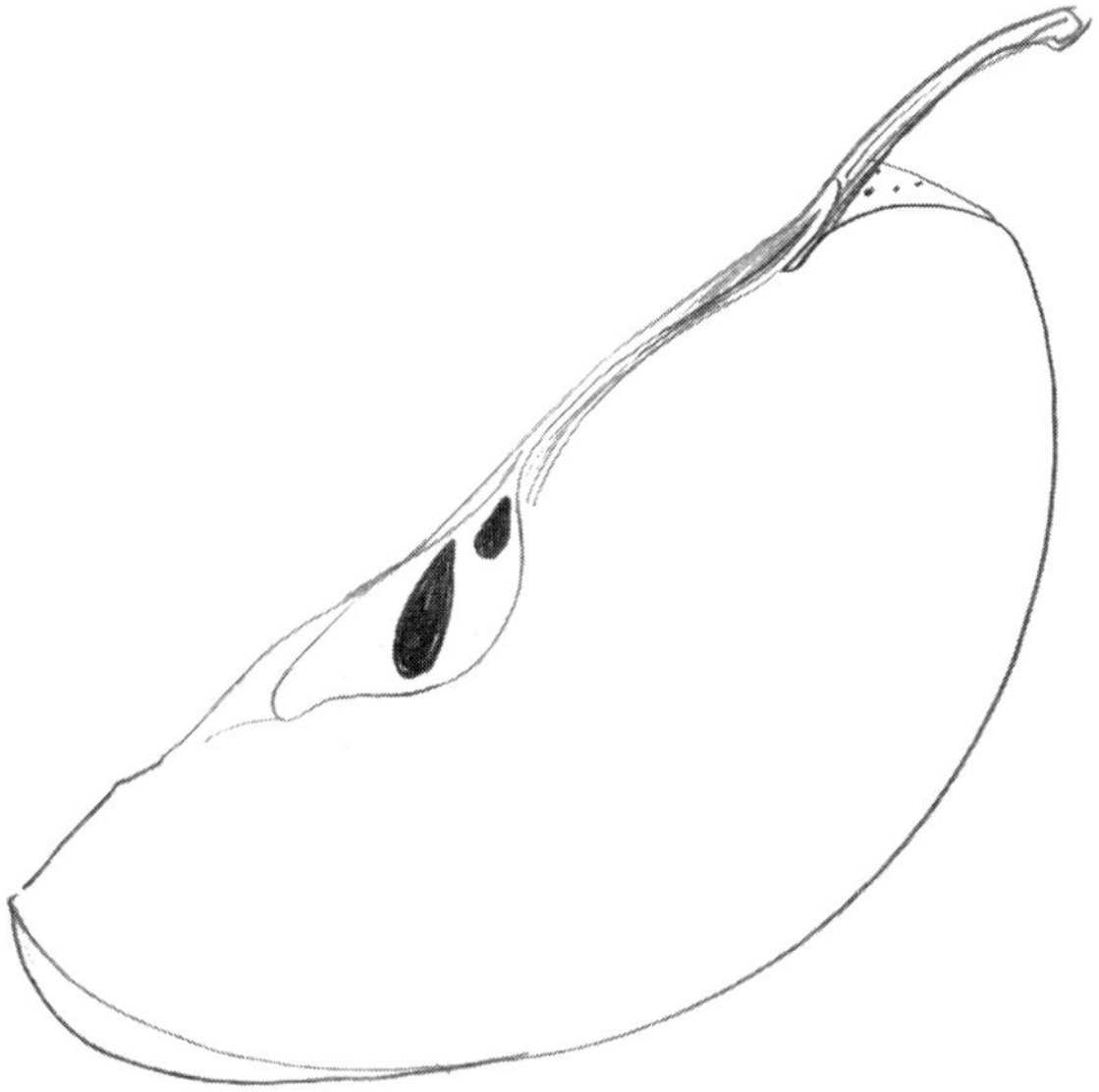

りんご

甘酒ミルク

カレー煮込みうどん　土鍋でいりこだしを沸かし、一口大に切ったにんじん、油揚げ、ねぎ、小房に分けたしめじを煮る。小鍋に菜種油と2種類のカレー粉を入れて炒めたものを加え、半生うどんを入れて煮る。薄口しょうゆ、塩、みりんで味をととのえる。うどんから出るとろみがちょうどいい具合。

いなりずし

はやとうりのぬか漬け

伊賀牛の土鍋焼き　霜降りの伊賀牛を乱切りにする。伊賀の土鍋を熱し、牛自身の脂で焼く。表面はこんがり、中はレアに焼き上げる。粗塩、柚子こしょう、鬼おろし、たれ（しょうゆ、米焼酎、にんにく、唐辛子を煮立てたもの）などで好みに合わせて食べる。肉を焼く合間に、ざく切りにしたキャベツや水菜を入れ、塩をふってふたをして蒸し煮にしながら食べる。水分が足りない時は、米焼酎を少々かける。

白菜の柚子漬け　白菜を刻んで塩もみにし、柚子汁、皮の千切り、酢であえる。

焼きいもごはん　土鍋で米、水、昆布、塩、いも焼酎を炊き、炊きあがりに焼きいも（特大のさつまいもの焼きいもはしっとりとして、いもようかんのような口当たり）をのせて蒸らす。すばらしい秋のごはん。

はやとうりと大根のぬか漬け　上から柚子の汁をかける。

りんごの梅シロップ煮　りんごの実を梅シロップ、チャイニーズレモンの汁で柔らかく煮る。

12月11日　くもり
どんよりとした一日。仰松軒の花会を見に行く。点、線、面でつながれた植物。椿や燃えるようなドウダンツヅジ、黄色いヤマノイモ、藤蔓。

蒸しプチパン　バター
レモンバターケーキ
りんご、みかん
紅茶

烏骨鶏の卵の目玉焼き　鉄のフライパンをよく熱し、菜種油でこんがりと焼く。一つは塩、一つはしょうゆでごはんにのせて食べる。
ブロッコリーとスティックセニョールのにんにく唐辛子炒め　菜種油でつぶしたにんにくと唐辛子を炒め、ブロッコリーとスティックセニョールを入れて水をふり、青々とするまで炒める。塩をふり、ごま油で香りをつける。
納豆　刻んだねぎ1本分、しょうゆ
キャベツの梅煮　キャベツの中の柔らかいところを4等分に切り、だし、酒、梅干しで煮る。仕上げにしょうゆをほんの少々たらす。
かぼちゃ、かぶの葉、しょうがのすりおろしのみそ汁
ごはん
いちご、みかん
どら焼き、栗きんとん

12月12日　くもり
今日ももぐらのような一日を過ごすところだったが、昼過ぎにいのししが一頭届いた。脚と腹と背を切り分け、腹身は今夜食べるとして、脚は来週の宴用に取っておく。裏山で小さなたけのこがとれる。初物。

フルーツクッキー
ホットミルク

釜揚げうどん　鬼おろし、納豆、しょうゆ、柚子こしょうで。
みかん
栗きんとん

竹の子のカルボナーラ　たけのこは唐辛子とゆでて皮をむき（とりたてで小さかっ

たのでぬかは入れない)、粗く刻む(親指くらいの長さのものが5、6本でちょうど1人分くらいになった)。つぶしたにんにくをオリーブ油で炒めたら取り出し、たけのこを入れて塩、こしょうをする。甘い香りが漂うまでじっくりと炒める。タリオリーニをゆでて熱いソースの鍋に入れ、ゆで汁も加えてあえ、器に盛る。中心をくぼませて烏骨鶏の卵を割り、オリーブ油をかけ、パルミジャーノをたっぷりとすりおろす。たけのこ料理の新星。

いのししの腹身焼き　腹身肉を適当な大きさに切り、よく熱したフライパンにオリーブ油を引いてじっくり焼く。

ブロッコリーとリコッタチーズのつけあわせ　ブロッコリーは小房に分けて鍋に入れ、ひたひたの水、塩、オリーブ油を加えて蒸し煮にする。柔らかくなったらつぶしてリコッタチーズと混ぜる。いのししとの相性はなかなかよい。

いちごとみかんのサラダ　乱切りのいちごとみかんをオリーブ油、ワインビネガー、粗塩であえる。見た目は子供向け、食べると大人向け。

りんごの梅シロップ煮

サブレ

ジンジャーティー

12月13日　晴れ

髪を切った。もやもやが吹き飛んだ。

牛乳、紅茶

サブレ、フルーツクッキー

庭のみかん

・藤崎宮の参道の茶屋

雑煮　もやし、小松菜、大根、にんじん、里いも、鶏肉、紅白かまぼこ、ちくわなど具たくさん。土鍋でぐつぐつと煮えている。口直しにほんのり甘い柚子。

葱油麺　たっぷりのねぎを斜め切りにする。中華鍋をしっかりと熱して菜種油を入れ、ねぎのはしっこがちりちりするくらいまで炒める。熱い葱油にしょうゆを入れたら焦げたので、次回からは上からかけよう。ねぎは一人1本でも足りないくらいだ。麺は久留米ラーメンの麺をゆでて洗い、温めて使ってみたら上海風になった。途中で黒酢をかけ、豆板醬を加えてしっかり混ぜて食べると美味。要修業。

麻醬麺　葱油麺だけでは物足りなかったので、どんぶりに残った油を中華鍋に戻し、豆板醬と鷹の爪を入れて炒め、しょうゆを加えて煮立たせる。再びどんぶりに入れて上に麺を盛り、芝麻醬をのせてぐるぐるかき混ぜて食べてみた。上海のあの恐ろしい麺食堂で見たものを再現するつもりだったが、焦って芝麻醬が固いままのせてしまったためにうまくなじまなかった。が、味はまあまあであった。こちらも要修業。

赤かぶの酢の物　赤かぶを薄切りにして塩でもみ、酢、すだちの汁であえる。

水前寺菜ときくらげの辛酢あえ　水前寺菜をゆで、同じ湯できくらげをゆでて食べよく切る。ごま油、豆板醬、酢、しょうゆ、ごまであえる。

ゴールドキウイ、りんご、みかん
いちごアイスクリーム

12月14日　晴れ

うかつにも寝坊。一刻も惜しいのに優雅にもオーブンを温めて厚切りパンを焼いてしまう。

久しぶりの厚切りバタートースト　250度のガスオーブンで5分と少し焼く。焼き上がる前に真ん中にバターの角切りと椎葉村のはちみつをのせて、ジュワジュワと溶けてきたら、全体にならして齧りつく。今朝は完璧な焼き上がり。

ホットミルク

サブレ
牛乳

いのししのスペアリブの煮込み　いのししのスペアリブを菜種油でこんがりと焼

き、くし切りのりんご、昆布、にんにく、しょうゆ、焼酎、赤唐辛子、きび砂糖を加えて水をかぶるほど注ぎ、3時間ほど弱火で煮る。骨からはずれるほどに柔らかくなったら、ゆで卵と千切ったこんにゃくを入れてさらに1時間ほど煮る。いのししは味が濃いのに変な癖もなく、脂身も良質で本当にいい肉である。
春菊ときくらげのごまあえ　春菊はゆでて小口切りにする。きくらげは同じ湯でゆでて千切りにし、炒りごま、ごま油、粗塩であえる。
赤かぶの酢漬け
納豆　ねぎ、しょうゆ
大根のぬか漬け
ごはん
とうふのスープ　鶏の首肉のスープで木綿どうふを煮て、柚子こしょうをほんの少々のせる。
不知火《しらぬい》、庭の小みかん

12月24日　くもり
寒空の下、もちつきをする。クリスマスイヴなどどこ吹く風、日本の師走の風景だ。夜はへとへとで料理をする元気もなく、しゃぶしゃぶにする。売れ残りのクリスマスケーキでようやくクリスマスがやって来た。

唐辛子

はちみつバタートースト
りんご
紅茶

つきたてのもち　①納豆（塩味）、大根おろし、しょうゆ　②きなこ、きび砂糖、塩、
安納いものあん
粕汁　いりこ、昆布、ふぐの丸干しでだしをとり、かぶ、南関あげ、里いも、ねぎを煮る。酒粕、白みそ、麦みそを加えて煮て、ねぎの青いところとかぶの葉を散らす。

豚しゃぶ　昆布だしに酒をどぼどぼと注いで沸かす。豚肉（バラ、肩ロース、ロース）、とうふ（木綿、絹）、高菜、ねぎを好き勝手に煮る。子供ばかりなので肉がどんどん売れる。たれは3種を好みで。①ねぎ、しょうが、ごま油のたれ　②ピーナッツペースト、しょうゆ、酢、みりんのたれ　③大根おろしとしょうゆと花柚子
クリスマスケーキ　いちごのショートケーキ

12月27日　晴れ
　今年最後の宴。東京、上海、バルセロナ、大牟田から20名が集まることになった。予定の倍に膨れあがった人数にひるんだが、台所に立つとただただ手元の作業に吸い込まれる。4リットルの巨大な

シャンパンボトルをあけ、乾杯。いつしか老いも若きも男も女も入り混じり、いつもは刺すように寒々しい大広間に今夜は灯がともった。

はちみつバタートースト
りんご
紅茶

きくらげとねぎの韓国そうめん　豚のしゃぶしゃぶの残り汁を漉して土鍋で煮立てる。ねぎの白いところときくらげを刻んで煮て、釜山で買ったそうめん風の麺を入れて煮る。刻んだ青ねぎを散らし、豆板醤と酢をかけて食べる。

乳清入りごまのフォカッチャ　強力粉（キタノカオリ）1キロ、ヨーグルトの乳清600グラム、ドライイースト15グラム、塩20グラム、オリーブ油100グラムをこねて発酵させる。2次発酵の後に指でまんべんなくくぼみをつけ、白ごまをたっぷりと散らし、オリーブ油、粗塩をふる。220度で15分。しっとりと香ばしい焼き上がり。

鶏のパテ　ゆで鶏の身をほぐす。刻んだ新玉ねぎをオリーブ油で甘みが出るまで炒め、鶏の身と粗塩を入れてさらに炒める。冷めたらフードプロセッサーに入れ、手づくりチーズとオリーブ油を加えてねっとりとするまで撹拌する。

金時にんじんのアグロドルチェ　金時にんじんはぶつ切りにし、丸ごとのプチトマト、つぶしたにんにくとともにオリーブ油で甘く柔らかくなるまで蒸し炒めにする。刻んだドライトマトと干しいちじく、レーズンを加え、ワインビネガーを入れて煮立てる。冷まして味をなじませる。

下仁田ねぎのマルタリアーティ　下仁田ねぎは斜め薄切りにし、オリーブ油で炒める。粗塩をふり、ふたをしてとろとろになるまで蒸し炒めにする。水をかぶるくらい注ぎ、ふたをしてさらに甘みが出るまでゆっくりと煮る。強力粉と水を2：1でこねて寝かせ、麺棒で薄く伸ばして乱切りにする。乱切りパスタ「マルタリアーティ」はこのねぎのソースととても相性がよい。マルタリアーティを固めにゆで、煮立てたねぎのスープに入れてさらに煮る。器に盛り、オリーブ油をかけ、パルミジャーノをたっぷりとすりおろす。

カタルーニャ風パエリア　カタルーニャの料理人の手によるもの。お手伝いもみなカタルーニャ人。カタルーニャではパエリア鍋ではなくふつうの鍋で作るそう。魚介と刻んだ香味野菜を炒め、水を加えて煮立ててだしを取る。米を炒め、えび、いか、白身魚、トマト、玉ねぎ、ピーマン、赤ピーマン、パプリカなどを炒め、ピメント、サフラン、コニャックなどで香りをつける。作り方はリゾットとほぼ同じで、できあがりはリゾットよりも汁っぽい。

れんこん豚　豚肩ロース塊には粗塩をまぶしておく。鋳物鍋に湯を沸かし、皮をむいたれんこんのすりおろし、粒こしょう、にんにく、ねぎの青いところ、ディル、セージ、ローリエ、薄皮をむいた生落花生を入れて煮立てる。豚肉を入れてオリーブ油を回しかけ、ふたをして弱火でじっくり煮る。

高菜のオイル蒸し　高菜をざく切りにしてねぎの青いところ、赤唐辛子、粗塩、たっぷりのオリーブ油であえてふたをして蒸し煮にする。私にとって高菜は漬け物の材料ではなく、蒸し煮に格好の材料である。こんなにうまみと香りの出る野菜が他にあるだろうか？

花柚子のゼリー　花柚子の頭がふたになるように切り、果肉をくり抜く。しぼり汁と梅シロップを合わせ（1：2くらい）、少なめの板ゼラチンを加えて柚子釜で固める。花柚子の鮮やかな爽やかさがスペインの人たちにも、幼い子供たちにも好評。

12月31日　くもり

今年も京都で大晦日を迎える。昼過ぎ、官休庵に年末のご挨拶へ。茶室に掛けられた椿の丸い蕾と一足早い梅の花が愛らしい。夕刻、家族で下鴨神社に一足早いお参りへ。除夜の鐘も聞かぬまま年が明けた。

チョコチップクッキー
洋梨（ル・レクチェ）
桜紅茶

・麩屋町通のそば屋
にしんそば

・官休庵
炭に埋もれた火を象った生菓子
薄茶

早々とおせち料理　大徳寺の精進料理屋のものと高台寺の料亭のもの。
ざるそば、釜揚げそば　辛み大根で。
花びらもち
牛乳

1月2日　くもり時々雪
丹後半島を一周。雪と風の舞う海と空。枝に残った柿だけが色があふれていたであろう日々を憶わせる。

・久美浜湾を眺めるホテル
おせち料理　ごまめ、にしん入り昆布巻き、数の子、黒豆、たたきごぼう、紅白なます、姫黒豆ごはん、車えびの甘煮

合鴨のぞうに　鴨のだし、番茶につけた鴨、クレソン、葉わさび、焼いた丸もち。好みで柚子胡椒。

キウイ　前の日に皮をむいて切っておくとホルモンが増して甘くなるという不思議なキウイ。

・同じくホテルの食堂

新興梨、くるみ、ブルーチーズのサラダ　車で走っていても、正月明けだというのにいろいろな梨がまだ売られている。大ぶりだが歯触りも甘みもよくおいしい梨。

このしろずし　麻の実入りのおからを甘酢で味つけし、酢じめのこのしろではさんだもの。

けんちゃんとぜいたく煮　けんちゃんはとうふを炒り、生揚げ、にんじん、大根、ごぼう、こんにゃくなどをだし、みりん、薄口しょうゆなどで白っぽく優しい味に煮つけたもの。汁気がまったくないのがけんちん汁との違いらしい。ぜいたく煮は、古漬けのたくあんの塩気を抜いてから、しょうゆ味で煮つけたもの。どちらも久美浜のごく普通の郷土食。

のどぐろのオーブン焼き　のどぐろのお腹に庭のハーブ（オレガノ、フェンネル、イタリアンパセリなど）を詰めて、オリーブ油、塩、こしょうをかけてにんにくとともにこんがり。上にもフレッシュなハーブがたっぷり。ここのハーブは本当に香りがいい。皿ごと焼いてそのまま供するのはよいアイディア。皿にもほどよく味がついてゆくに違いない。

牡蠣フライ　タルタルソース、キャベツの千切り、ソース。この辺りは牡蠣も名産品。

空豆入り茶がゆ　干した空豆を入れて炊く茶がゆは、かつてはごちそうだったそう。奈良漬け、やたら漬け（やたらにおいしからが名前の由来とか）とともに。

オレンジとレモンのタルト　タルトといっても、小さなココットで焼いてあるのが新鮮。

1月4日　曇り時々雪

久しぶりの熊本。また日常に戻った。朝から雪が舞っていた。

釜揚げ力うどん　土鍋で讃岐うどんともちをゆでる。大根おろし、年末に仕込んだ藁苞《わらづと》納豆、しょうゆ、花柚子で。今日はうどんが主役だったが、釜揚げもちのおいしさは格別なのでここで触れておく。土鍋に湯をわかし、杵でついたもちをゆでる。ふたをして数分で芯まで柔らかくなる。ただしゆですぎるともちがはぜて不味くなるので、中心に箸をさしてすっと通るようになったら火を止めておく。ふつうの鍋でゆでるよりも早く火が通るし、土鍋の中で温めておくと、いつまでも柔らかくおいしく食べられる。ちなみに冷凍してあったもちも解凍せずにそのままゆでても大丈夫。私は焼いたもちよりも、断然、釜揚げもちに一票。

黒トリュフ山羊チーズのタリオリーニ　フライパンに刻んだチーズ、牛乳、バターを入れて溶かし、タリオリーニとそのゆで汁も少し加えてあえる。熱々の皿に盛り、パルミジャーノをすりおろし、こしょうを挽く。

のどぐろの一夜干しのオーブン焼き　耐熱皿にオリーブ油を引き、のどぐろの皮目を下にしておき、身にフェンネルやディル、イタリアンパセリを刻んで散らす。まわりにプチトマトをぎっしりと詰め、白ワイン少々とオリーブ油をかけて250度のオーブンでこんがりと焼く。

ほうれん草の蒸し煮　ほうれん草は根に近い赤いところを切らずに（下の固い根っこだけ切る）鍋に入れ、オリーブ油、ねぎの切れ端、粗塩を加え混ぜて蒸し煮にする。

ブリヤサヴァラン　ブランデー漬けレーズン
くるみと干しいちじくのパン

1月6日　晴れ
苛々してばかりの一日。自転車の後部に椿をのせたままバスにひかれかけてようやく我に帰った。

きなこ牛乳

じゃこチャーハン　ピーマン、玉ねぎ、セロリ、ねぎは刻んで菜種油で炒める。山椒じゃこ、ごはん、菜種油、ごまを加えてさらに炒め、しょうゆとごま油を回しかける。

大根とセロリのスープ　昨晩の豚しゃぶのだしを煮立てて塩で味をととのえ、大根とセロリの葉のみじん切りを入れた椀に熱々を注ぐ。

水菜の一夜漬け

焼きいものスープ　さつまいもは濡らした新聞紙とアルミホイルで包み、焚き火で焼く。皮目がところどころ焦げて、芯までごく柔らかに焼き上がれば上々。皮の下の焼き色を取りすぎないようにしてざっくりとくずし、鍋に入れる。バターを加えて炒め、ふたをして鍋底にはりつくくらいまでじっくりと弱火で炒める（焦げそうな時は水を少々加える）。牛乳をかぶるくらい注ぎ、底にはりついたところをこそげ取りながら煮る。沸いたら塩を加えブレンダーでなめらかにする。重たければ牛乳でとろりとするまで伸ばし、弱火で熱々になるまで温める。器に盛り、熟成したコンテをたっぷりすりおろし、こしょうを挽く。

牡蠣とスウィーティーのサラダ　牡蠣は塩をたっぷりまぶしてざるでふるい、どろどろした水がきれいになるまでやさしく洗う。ペーパーを重ねて包み、冷蔵庫でしっかりと水気を取っておく。フライパンにオリーブ油を熱して強力粉をまぶした牡蠣をカリカリに焼く。スウィーティーの果肉、刻んだセロリと玉ねぎをオリーブ油、花柚子の汁、粗塩であえて皿に盛り、熱々の牡蠣を添え、こしょうを挽く。
パン（カンパーニュ、トースト）　バター、はちみつ
熟成したブリヤサヴァラン、コンテ
いちご、サブレ
牛乳

1月7日　晴れ
久しぶりに裏の森を散歩。

サブレ
牛乳

七草がゆ　行事食のおかゆはごはんから炊くとのこと。冷やごはんを洗ってぬめりを取り、土鍋に入れて水を注ぎ、ふたをして弱火で炊く。ふんわりとしたら塩をふり、もちを入れて柔らかくなったら歌いながら七草を叩いて加え混ぜる。
玉こんにゃくと豚ばら炒め　菜種油で豚ばら肉薄切りをこんがりと炒め、玉こんにゃくを加えてさらに炒める。酒、しょうゆを回しかけて、柚子一味をふる。
レタスのじゃこのりサラダ　手でちぎったレタスをじゃこ、ごま、菜種油、酢であえ、のりをちぎって散らす。

山椒じゃこ

大根とはやとうりのぬか漬け

ぶりねぎ　ぶりは塩をふり、下仁田ねぎと白ねぎとともに網で焼く。焼けたらねぎはぶつ切りにし、生の白ねぎの薄切りとともに山椒こしょうと酢であえて、ぶりの上に盛る。好みで大根おろしに柚子をしぼったものを添える。この山椒こしょうは、実山椒を青唐辛子と塩と一緒にすりつぶしたもので、山椒とうがらしとも呼ばれる。柚子こしょうよりも辛みが穏やかで、山椒好きにはたまらない。ちょっとつけるとぐんと香りが立つ、うれしい調味料である。熊本に嫁いで間もない頃、商店街の店先で〝こしょうの葉〟と書いてあるのを見て驚いたことがある。かつてお世話になったトスカーナのリストランテの裏庭にこしょうの木があって、たまに仕事をさぼって庭でのんびりしていると、どこからともなく漂ってくるのは紛れもなくあのこしょうの香りだった。時は春、若葉と未熟な青い実がうっとりするような美しさで、仕事も忘れて陶酔したのであった。そんな訳で、熊本にはこしょうの木がある！と大喜びでひと山買い、家で齧ってみたら何のことはない、葉唐辛子だった。九州では唐辛子のことをこしょうと呼ぶことをその時肝に銘じた。

焼きいもごはん　ずんぐりとしたさつまいもをたき火でじっくりと焼く。米、もち米、塩、酒を炊き、大ぶりに切った焼きいもをのせて蒸らす。

里いものすり流し　皮をむいた里いもを昆布だしでごく柔らかく煮る。塩をして、ブレンダーでなめらかにする。

水菜と山椒じゃこの炒め　菜種油で山椒じゃこを炒め、刻んだ水菜を加えてさっとあえる。

春菊とたまり漬けの木の実あえ　春菊はゆでて小口切りにする。大根のたまり漬け、くるみ、みかんの皮はみじん切りにする。ごまを加えてあえる。

みかん、いちご

1月17日　晴れ

春のような暖かさ。梅の木にちらほらと紅色のふくらみが見えてきた。石塀がそれらしくなってきている。

チョコレートクッキー
牛乳

トマトのオレッキエッテ　プチトマト、新玉ねぎの軸、オリーブ油、唐辛子、粗塩を鍋に入れて中火でとろりとするまで煮る。イタリア土産のオレッキエッテをゆでて熱々のソースとあえる。
レタスとセロリのサラダ　天草のレタスは中の柔らかいところをくし形に4等分にして皿に盛る。市場で近頃たくさん出ているセロリの芯の柔らかいところと新玉ねぎの軸を刻んで散らし、レモンをしぼり、オリーブ油と粗塩をかける。
柚子ジャムのパウンドケーキ
紅茶

ぶりの塩焼き　大根おろし、柚子の絞り汁、しょうゆ
白魚　三杯酢
ヤーコンのきんぴら　ヤーコンは皮ごと千切りにする。水にはさらさない。菜種油でしんなりするまで炒め、薄口しょうゆ、酢で味をつけ、白ごまをたっぷりとふる。きんぴらの王様。
白菜と大根葉の梅あえ　白菜は千切り、大根葉は小口切りにして塩もみする。水気をしぼり、梅肉であえる。
大根のぬか漬け
生わかめとねぎのみそ汁
ごはん
みかん、はるか

1月18日　晴れ
子供部屋の梁が感じよく仕上がった。窓の外に見える石塀が美しい。

みかん

バタートースト　きんかんのジャム
りんご、みかん
紅茶、牛乳

白菜と豚ばら肉の蒸し煮鍋　土鍋にざく切りの白菜（芯のところを必ず入れる。こぶりの白菜なら二人で一つは食べられる）を入れ、ごま油、粗塩、酒をふり、ふたをしてじっくりと蒸し煮にする。とろりとしたら豚ばら肉のごく薄切りを一面に広げ、弱火で火を通す。生肉のピンク色がほんのり残るくらいに火が通ったら、火を止めて余熱で仕上げる。そのままでもよいが、ねぎの山椒こしょうあえと食べてもすばらしくおいしい。キャベツ、新玉ねぎ、きのこ、かぶ、大根などでも応用がきくだろう。
ねぎの山椒こしょうあえ　ねぎの白いところはじっくり焼いてから斜めに切り、緑のところはごく薄切りにして、山椒こしょう、酢であえる。
生わかめの酢の物　さっと湯通ししたわかめを三杯酢であえる。
たまり漬けの香りあえ　大根のたまり漬け、炒ったくるみ、ごま、みかんの皮、春菊を細かく刻んであえる。
焼きいもごはん
大根のぬか漬け
みかん

白手芒豆のようかん
薬草茶

1月20日　晴れ
玄関脇の竹垣が綺麗になった。

はちみつバタートースト
ケフィア　ドライフルーツ、ナッツ
紅茶

ねぎ麺　4人で15本分くらいの長ねぎの青いところ（白いところも少し）を刻んでたっぷりの菜種油でとろとろに、少し焦げ始めるくらいまでじっくり炒める。ごま油、しょうゆを加えて火を止め、洗ってしめた稲庭うどんにたっぷりとかける。
レタスのサラダ　レタスはちぎり、ごま油、粗塩、酢、ごまであえる。
はるか、巨大ないちご（紅ほっぺ）
生揚げとキャベツの土鍋煮　生揚げは油抜きして太く切り、手でちぎったキャベツとともに土鍋に入れる。かつおだし、酒、粗塩、薄口しょうゆで煮る。
ヤーコンとしらたきのきんぴら　たっぷりの菜種油でヤーコンの千切りと湯がいたしらたきを強火で炒める。酒、みりん、しょうゆ、酢で味をととのえる。白ごまをふる。食べる時に好みで柚子一味をふる。
新わかめとしらすの酢の物
大根のぬか漬け
ごはん
焼きいものみそ汁　かつおだしで焼きいもを温め、熟成麦みそを溶き、黒七味をふる。
どら焼き
みかん

1月23日　晴れ
久しぶりに土手を散歩。数珠つなぎの透き通る赤い実を発見。つる植物だが、いったい何だろう。子供部屋の漆喰があっという間に綺麗に塗られていた。一方、台所に敷く古いテラコッタを洗う作業はいっこうに進まず、洗っても洗っても終わらない。

はちみつバタートースト
ケフィア
紅茶

・市役所裏のうどん屋

ごぼ天うどん
みかん
黒ごまケーキ

里いものニョッキ・ミントバターソース　皮ごと柔らかく蒸した里いもの皮をむき、すりこぎでつぶす。里いも：強力粉＝4：1でよく混ぜる。打ち粉をして1センチ太さのひも状にのばし、ナイフで1センチ大に切る。打ち粉をまぶし、一つ一つはなしておく。ミント、バター、牛乳を煮立ててパルミジャーノを混ぜ、とろりとさせる。ニョッキをゆでて皿に盛り、ソースをかけ、パルミジャーノをすりおろし、こしょうを挽く。

ねぎと大根のマリネ　ねぎは太くて白いところ、大根は葉に近いところを皮ごと5ミリ強の輪切りにしてそれぞれ蒸す。ねぎはごく柔らかく、大根はほんのり歯ごたえが残るくらいに火を通す。熱いうちにレモン汁、粗塩、オリーブ油であえ、味をなじませる。

いのししステーキ　鉄鍋をよく熱してオリーブ油を入れ、食べやすい厚みに切ったいのししを焼く。最初は粗塩、オリーブ油、こしょうで食べ、残りは赤ワインとトマトソースをかけて煮立て、からめて食べる。

いちご、みかん

ケフィア
クッキー、マドレーヌ

1月25日　雪のち晴れ

テラコッタを洗う作業がようやく終わり、今度は薄いのと厚いのとに分ける。床に貼るまでの作業がひたすら続く。藁苞納豆作りを教わる。わらを紐で束ね、ゆでた黒豆と大豆をそれぞれ入れる。安心のために納豆も数粒。あさっての夜は納豆ごはんと決める。台所と食堂の天井が綺麗に漆喰で塗られた。ほっと落ち着く。

くるみのスコーン　バター
りんご
紅茶

粕汁うどん　いりこと昆布のだしに酒を加えて煮立て、食べやすく切ったにんじん、里いも、ごぼう、大根、ねぎを煮る。野菜が柔らかくなり甘みが出たら、酒粕とみそをほんの少々加え、味がなじんだら、半生の讃岐うどんを入れてさらに煮る。ねぎの青いところを刻んで散らす。

白菜の柚子あえ　白菜を刻んで柚子の汁、皮の千切り、粗塩であえる。

トマト炒め　トマトは乱切りにし、プチトマトは丸のまま菜種油でさっと炒める。金ごま、塩、しょうゆ少々をふり、黒七味で香りづけする。

キャベツ豚　土鍋にちぎったキャベツを入れ、ごま油、粗塩、酒を入れてふたをしてじっくりと蒸し煮にする。しんなりと柔らかくなったら豚ばら肉の薄切りを全体に広げ、弱火でやんわり火を通す。うっすら桃色になったら火を止める。新玉ねぎの薄切り、酢、山椒こしょうをあえたものと一緒に食べる。今日はやらなかったが、最後に残った少々の煮汁で中華麺を煮たらおいしそうだった。

大根のぬか漬け
ごはん
みかん
サブレ

1月28日　晴れ

ようやく石塀も完成間近。広間では花の稽古をしている。椿、枯れた笹、雪柳。夜中、家に入ったら狸に出会った。

はちみつバタートースト
ケフィア　きんかんジャム
紅茶

トマト豚肉麺　新玉ねぎの軸、にんにくを刻んで菜種油で炒め、豚ばら肉の薄切りを入れてこんがりするまで炒める。一味唐辛子、黒七味、黒酢、塩をふり、乱切りのトマト、プチトマトを加えて角がとれるくらい火を入れ、仕上げにしょうゆ、ごま油を加え混ぜる。冷水でしめた中華麺に熱々の汁をかけ、ルーコラを刻んでたっぷりのせる。

五三焼き（カステラ）

牛乳

刺身　さば、太刀魚、かつおのたたき

若竹煮

春菊、京菜、ほうれん草のおひたし

白菜の柚子酢あえ

ごはん

大根のぬか漬け

かぶのみそ汁

フルーツケーキ

牛乳

1月29日　晴れ
久しぶりに森をくまなく散歩する。ヒメシャラの木が天高くのび、無数のセンダンの実が仄白い空に黒く映っていた。

トースト　バター、きんかんジャム
みかん
紅茶

・水前寺のそば屋
三色そば
野菜の天ぷら

みかん、スウィーティー

かぶらのスパゲッティ　かぶは二人で大きめのもの（こぶしより一回り大きいくらい）を二つ。一つは皮ごとさいの目に切り、一つは鬼おろしですりおろす。つぶしたにんにく、バターと一緒にさっと炒め、粗塩をふり蒸し煮にする。透き通って十分に甘みが出たら、固めにゆでたスパゲッティをあえ、最後にバターを溶かし混ぜる。熱い器に盛り、パルミジャーノをたっぷりとすりおろし、こしょうを挽く。

バーニャカウダ　にんにく1玉は皮と芯をのぞいて3回ほどゆでこぼす。細かく刻んで小鍋に入れ、オリーブ油1カップを注ぐ。弱火にかけ、小さな泡が立ってきたら鍋の下に五徳を置いてにんにくがごくうっすら色づくまで煮る。火を止めてアンチョビ6枚ほどを加え余熱で溶かす。新玉ねぎとパプリカ（オーブンで丸ごと焼き、皮を取る）、菊いも（皮をむいて薄切り）、半熟ゆで卵、安納いも、里いも、じゃがいも（いもはすべて蒸す）に熱々のバーニャをかけて食べる。

フルーツケーキ

牛乳

2月5日　曇り時々雨

霧島へ。初めての鹿児島。冬枯れの美しさ。

フルーツケーキ

牛乳

・霧島の農園で郷土料理を習う

霧島のがね　鹿児島独特の甘いかき揚げ。さつまいもとにんじんの棒切りに地粉、もち米の粉、きび砂糖、めんつゆ、卵、塩を混ぜた衣をまぶし、菜種油でこんがりと揚げる。驚くほどたくさんの砂糖が入るが、意外と甘ったるくはない。

切いこん　鶏肉はぶつ切り（本来は固い雄鶏の肉を使う）、大根、にんじん、ごぼう、こんにゃく、揚げおかべ（＝厚揚げ）は適当な大きさに切り、菜種油で炒める。水、みりん、薄口しょうゆでうっすら甘辛い味つけにして炊く。さやいんげんの塩ゆでをあしらう。この辺りでは正月はこれを煮返して食べるとのこと。

菜の花の白あえ　木綿どうふ、二年熟成麦みそ、きび砂糖、白ごまをすって衣を作り、塩ゆでした菜の花をあえる。

あわんなっと　もちあわを水、きび砂糖とともにとろとろに炊く。しょうがのしぼり汁を落とす。

ココア風味のふくれ、そばボーロ

いちご

きんかんとパプリカのあえもの　きんかんと橙色のパプリカの薄切りを鹿児島の黒酢、塩、いりごまであえる。

黒豚しゃぶしゃぶ　鹿児島＝黒豚と思い込んでいたら、地元では贅沢品でそうしょっちゅう食卓にのるものではないという。熊本の馬肉みたいなものだろうか。昆布だしと酒を熱くし、霧島の黒豚（ロースと肩ロース）、かぶ、庭の芥子菜、霧島のとうふを好みでしゃぶしゃぶする。ごま油と粗塩、かぶのすりおろしと柚子、山椒こしょうで食べる。最後に汁を沸かしてかぶのすりおろしと年末についたもちの切れ端を煮る。

2月6日　くもり

庭づくりの相談をする。北庭には一面に石蕗を移植し、藪椿を山採りするとのこと。台所の前には野薔薇を植えようか。

バタートースト

紅茶

かぶら麺　昨晩のしゃぶしゃぶの残り汁を煮立て、かぶのすりおろしと刻んだ葉を入れてさっと煮て、ごま油をたらす。水で洗ってしめた中華麺に熱々の汁をかける。

がね風揚げ物　衣は薄力粉、米粉、薄口しょうゆ、塩、てんさい糖で作る。砂糖は霧島風の半分以下しか入れる勇気が出ず、そうなると衣が厚めのただのかき揚げ風になった。ちなみに天草にもがねがあるらしいが、こちらは塩味とのこと。具は①さつまいも、にんじん　②いか、ヤーコン、にらの二種類。菜種油でこんがりと揚げる。

春菊の白和え

ごまさば、ごま太刀魚　酒：しょうゆ＝2：1を煮立てて冷ましておく。すり鉢でたっぷりのごまを半ずりにしたところに入れ、刺身用のさばと太刀魚を食べやすく切ってあえる。しその千切りをあしらう。

ヤーコンの酢の物　皮をむいて千切りにしたヤーコンを塩、酢、柚子の絞り汁、柚子一味であえる。
カリフラワーと酒粕のすり流し　かつおと昆布のだし、カリフラワー、酒粕、麦みそを煮てミキサーでなめらかにする。中心に山椒こしょうをほんの少々。
大根のぬか漬け
ごはん
みかん、デコポン

2月7日　くもり
今日は改築中の家の中でイタチに遭遇。昨日までは感じなかった臭いが部屋中に充満して気が滅入る。

くるみのスコーン　バター
ケフィア　きんかんジャム
紅茶

にら雑炊　昆布だし、酒、塩を煮立てて洗ったごはんともち、さいの目に切ったかぶを炊く。にらのみじん切りを散らす。
ちりめん山椒、梅干し

大根、かぶ、にんじんのぬか漬け

クレタ風サラダ　クレタ島で毎日のように食べたサラダ。何てことないが何度でも食べたくなる。間引ききゅうりとトマトは乱切り、新玉ねぎは薄切りにし、庭のオレガノの葉、オリーブ油、ワインビネガー、粗塩であえる。

クレタ風焼き野菜　クレタ島の宿で食べた焼き野菜は絶品だった。毎晩泊まり客のためにいくつもの天火料理や煮込み、揚げ物などが用意されていたが、ある日厨房をのぞかせてもらうと、巨大な天板で焼かれた野菜料理の数々が所狭しと調理台に並べられており、その食欲をそそる風景は壮観だった。夕食時、皿に盛られて出てきた時には、なぜ野菜がここまでのごちそうに昇華するのかわからなかったが、天板の中を見て腑に落ちた。たっぷりの油、香りを添えるハーブ、濃いトマトソース。これらが絡み合い、天火の中で水分がほどよく蒸発すると、野菜はまったく別物に変身するのだということを。油の量や焼き加減、野菜の組み合わせ方でいかようにも変化し、出来上がりがまちまちになる意外にも繊細な料理だが、そこがまたおもしろくもある。クレタの旅以来、我が家では焼き野菜は三本指に入る定番料理となった。長なす、パプリカ、トマト、新玉ねぎ、かぼちゃは大きく切り、トルコのピーマンペースト、トマトジャム、オレガノ、オリーブ油、粗塩であえる。すき焼き鍋に入れ、２５０度で20分、さらに２００度で20分以上、混ぜながらこんがりくったりするまで焼く。

にんじんの葉

焼きなすとごまのピュレ　長なすはグリルで皮ごと焼き、冷めたら皮とへたを取る。フードプロセッサーに入れ、白練りごま、にんにくほんの少々、ごま、粗塩、オリーブ油を加えて攪拌する。
じゃがいものフォカッチャ　ゆでたじゃがいもをつぶして生地に練り込む。
デコポン
クッキー

2月9日　くもり
植木市へ。思いがけず大きな雲南黄梅の木に出会った。湯河原の父の家の軒先を可憐に彩るこの花に私はずっと恋焦がれている。が、結局は古い吹きガラスの保存瓶だけを手に入れて帰る。そういえば、朝は吹きガラスのランプシェードが届いた。つくづくガラスには心ときめく。

はちみつバタートースト
ケフィア　はちみつ
キウイ
紅茶

・水前寺のそば屋
二色そば（柚子切り、更科）

トマトのスパゲットーニ　フライパンにオリーブ油を引き、つぶしたにんにくと唐辛子を弱火で炒める。プチトマトの水煮と粗塩を加え、中強火でとろみがつくようさっと煮る。スパゲットーニ（ごく太いスパゲッティ）をゆでてあえる。パスタはこういうのが一番。

半熟卵、ターサイ、紫いものピュレのバーニャカウダ　残っていたバーニャカウダを温め、半熟卵、蒸したターサイ、温め直しの紫いものピュレを盛り合わせて回しかける。ターサイも紫いももバーニャカウダの定番野菜ではないが、こんなにも合う。

バターナンの温め直し、グリッシーニ

みかん

バウムクーヘン

牛乳

2月12日　晴れ

白梅がほころび始めた。

はちみつバタートースト

ケフィア　はちみつ

紅茶

・坂の下のお好み焼き屋

モダン焼き

白菜と肉だんご鍋　土鍋にざく切りにした白菜、ごま油、酒、塩、呼び水、田舎鶏の首を入れてふたをして蒸し煮にする。柔らかくなったら、大きな肉だんご（豚ロース肉、田舎鶏の皮、しょうが、ねぎ、粗塩、黒七味をフードプロセッサーでねっとりするまで挽く）をところどころにのせてさらに蒸し煮にする。まわりに水で戻した春雨を入れ、ぐつぐつ煮ながら食べる。好みでたれ（辣油、黒七味、ごま、酢、黒酢、山椒とうがらしを混ぜたもの）をかける。

ラディッシュ、きゅうり、トマトのにんにくあえ　すべて乱切りにしてごま油、つぶしたにんにく、粗塩であえる。

はっさく、みかん

3月3日　晴れ

小春日和。ふきのとうがすっかり開いている。二回目の椿の桃の節句。ひなずしを作るつもりだったが、うずらの卵が手に入らなかったので、いちごの頭、しその実の塩漬けの目玉がついたおひなさまになってしまった。

トースト　バター、パール柑のキャラメルコンフィチュール
グレープフルーツジュース
紅茶

肉まんと蒸しクレソン　黒酢と豆板醤で。

不知火

春の白あえ　絹ごしどうふ、ごま、塩をすってあえ衣を作る。春菊と菜の花は塩ゆでし、食べよく切る。にんじん、こんにゃく、しいたけは薄切りにしてだし、酒、みりん、薄口しょうゆで煮含める。冷めたら春菊、菜花の茎（穂先は吸い物に取っておく）とともにあえる。

鯛とたけのこの酒煮　半身の鯛を下ゆでした若いたけのこと一緒に水、酒、粗塩で煮る。煮えたら刻んだ青ねぎをたっぷりと散らす。

たけのことふきのとうのおすし　米、昆布、酒を炊き、酢、塩を溶かして混ぜ、酢飯を作る。下ゆでしたたけのこは薄切りにしてだし、酒、薄口しょうゆ、粗塩で煮ふくめる。酢飯に混ぜ、刻んだ生のふきのとうと錦糸卵を散らす。

はまぐりと菜の花の吸い物　かつおと昆布のだしではまぐりを煮て、あくを引く。

酒と塩を加え、はまぐりが開いたら薄口しょうゆを少々加えて菜の花の穂先とともに椀に盛る。
いちごミルク　いちごをつぶしてコンデンスミルクと牛乳を混ぜる。

3月6日　くもりのち晴れ
土手を散歩。よもぎがいっぱい。

バタートースト　パール柑のコンフィチュール
ケフィア　きなこ、黒豆の甘煮
紅茶

たけのことしいたけのうどん　たけのことしいたけの千切りをいりこと昆布のだし、粗塩、酒で煮る。ゆでた島原うどんを入れてさっと煮る。
不知火
からいもまんじゅう
ミルクティー

切干大根ときゅうりの酢の物　戻した切干大根を酢、塩、ごまであえ、食べる前にきゅうりの千切り、ごま油を加えてなじませる。

牛肉と菜の花のオリーブ油焼き　肉はロース（すき焼き用）、イチボ（焼き肉用）、ウデ（すき焼き用）、野菜はチンゲン菜花、白川で椿が摘んできてくれた芥子菜の菜花、油菜の菜花、祝蕾《しゅくらい》を用意する。肉はごま油でさっと焼き、最初は粗塩で、あとはトマトだれで食べる。合間に菜花と新玉ねぎの薄切りを炒め、焦げそうな時は水を少々加えて強火で煮る。

トマトだれ　プチトマト、葉にんにく、ひともじ、しょうがは細かく刻み、豆板醤、ごま油、きび砂糖、塩、しょうゆ、山椒とうがらし、酢を混ぜる。

ごはん

いちご

3月11日　くもり

紅の藪椿が苔の庭に落ち、散らばっている。夜は初めての薪ストーブ料理。パンがふんわり焼けた。

バタートースト　パール柑のコンフィチュール

はっさく

紅茶

押し麦粥　土鍋にだしと押し麦を入れて炊く。酒、塩で味つけする。

太刀魚の酒蒸し

3月16日　雨

ふきみそ
芋がらとしいたけのきんぴら
きゅうりのぬか漬け

クレソンチーズ、葉わさびチーズのカナッペ
たけのこ、白いんげん、もちあわのスープ　たけのこは下ゆでしたものを細かく刻む。戻した白いんげん豆、さっと洗ったもちあわとともに鍋に入れ、新玉ねぎ、葉にんにく、セージ、オリーブ油を加えてふたをする。ストーブの上でじんわり煮て、ふっくらと煮えたら粗塩をふり、味をなじませる。
レモン豚　豚ばら塊肉に粗塩、レモン汁、レモンの皮をまぶして半日おく。レモンの皮をのぞいて漬け汁ごと鋳物鍋に入れ、丸ごとの新玉ねぎをまわりに詰め、オリーブ油を回しかける。水をひたひたに注いでふたをし、ストーブの上でじっくり煮る。汁ごと皿に盛り、オリーブ油を少々かける。
クレソンと葉わさびのサラダ　オリーブ油、レモン、粗塩であえる。
パン
はっさくのクラフティ風　カスタードクリーム、はっさく、アーモンドのカリカリを重ねて薪ストーブのオーブンで焼く。

せり

夜は薪ストーブでピッツァを焼いてみる。上ばかりが焦げてなかなか難しいが、ガスオーブンでは叶わないおいしさ。

釜揚げ力うどん　土鍋でうどんをゆで、途中でもちを加える。だし、酒、塩、薄口しょうゆを煮立てて椀に注ぎ、白ごま、おろししょうが、葉わさびのおひたしを刻んだものを好みで入れて食べる。

はっさく、金柑

たけのこと大豆のスープ

ピッツァ

①たけのことアンチョビ　ゆでたたけのこ、バーニャカウダ、パルミジャーノ、粗塩。焼きたてにアンチョビ。

②チーズと葉わさび　コンテ、ペコリーノ、パルミジャーノ、オリーブ油。焼きたてにオリーブ油、粗塩であえた葉わさび。

③新玉ねぎとプチトマト　新玉ねぎの薄切り、半割りのプチトマト、オレガノ、オリーブ油、粗塩。

高菜とブロッコリーのオイル蒸し

ゴーフル

3月22日　晴れ

2年前に植えたソルダムに小さな白い蕾。今日は椿の2歳の誕生日。夜、テラスの薪ストーブを囲み、遠方から集まってくれた皆から温かな祝福を受ける。

フルーツケーキ

ロイヤルミルクティー

フォカッチャ　ストーブのオーブンで焼いたらちょっと焦げたが、中はふんわり焼けた。

ゆで卵とオリーブとケッパーの前菜　すべて盛り合わせ、オリーブ油をかける。

春キャベツとアンチョビのサラダ　千切りにした春キャベツをオリーブ油、刻んだアンチョビ、つぶしたにんにく、ワインビネガー少々であえる。

黒いスープ　黒豆、黒もちあわ、黒米は一晩水にひたす。玉ねぎ、にんじん、トマトを刻んでオリーブ油でじっくりと甘みが出るまで炒める。戻した黒いもの（黒豆はもどし汁ごと）とセージの枝を入れ、かぶるくらいの水を入れてふたをし、ごく弱火で（鍋の下に五徳を重ねて）ふっくらと煮る。

いのししと鹿の煮込み　いのしし、鹿はいずれも皮つきで大きな角切りにする。赤ワイン、クローブ、シナモン、唐辛子、フェンネルに一晩つけてから、いなご豆のヴィンコット、トマト水煮、粗塩を加え、肉がほろりとくずれるくらいまで煮込む。

菜花の蒸し煮　菜花いろいろを小ねぎ、赤唐辛子、オリーブ油、粗塩であえてくったりするまで蒸し煮にする。
オレンジのサラダ　オレンジは乱切り、新玉ねぎは薄切りにし、唐辛子、フェンネルの葉、ワインビネガー、粗塩であえる。
ゆで卵とオリーブとケッパーの前菜
バースデーショートケーキ　椿はクリームだけをなめていた。
ミルクまんじゅう
紅茶

4月1日　晴れ
植木屋で白山吹、常緑紫陽花、アーモンド、プラムなど買う。帰り道、小さな牧場を見つける。木陰でソフトクリームを食べながらで子やぎと戯れる。

蒸しぶどうパン　バター
ケフィア　マーマレード
紅茶

肉まん、キムチまん、蒸しぎょうざ　ぎょうざは夕べの残り。
水前寺菜のスープ　ゆで豚のスープを沸かしてあくを取り、梅干しの種、水前寺菜を入れてさっと煮る。

ソフトクリーム

うどのフォカッチャとわらびのフォカッチャ　うどは刻んで酢水にさらし、わらびはあく抜きして小口に切る。フォカッチャ生地にそれぞれ練り込んで焼く。

春野菜にマヨネーズ

　好みの春野菜　適量
〈マヨネーズ〉
卵黄　2個
塩（細かいもの）　小さじ1/2
オリーブ油　40g
ワインビネガー　小さじ1

マヨネーズを作る。

卵黄と塩をボウルに入れ、泡立て器でかき混ぜる。

もう一方の手でオリーブ油をごく少量ずつ垂らし、かき混ぜ続ける。

全量のオリーブ油が入り、むらがなくなったらワインビネガーを加え混ぜ、塩味をととのえる。

春野菜は種類に応じた下ごしらえをして皿に盛り、マヨネーズを添える。

野菜はひともじ、わらび、アスパラガス、菜花、若いブロッコリー、いんげん、スナップえんどう、新じゃが、春キャベツ、うどなど。

アスパラガスのクレスペッレ

〈クレスペッレ〉
卵　小2個（正味約100g）
牛乳　100g
塩　小さじ1/2
薄力粉　100g
オリーブ油　10g

〈ソース〉
バター　20g
強力粉　20g
牛乳　500g
塩　約小さじ1/2

〈その他〉
アスパラガス　細いもの20本
セミハードチーズ（牛乳製）　40g
パルミジャーノ　40g＋仕上げ用　適量

オリーブ油　適量

ボウルにクレスペッレの材料を順に入れ（卵と牛乳が合わせて200グラムになるようにする）、泡立て器でだまがなくなるまで混ぜたら網で漉して1時間ほどおく。

その間にソースを作る。

鍋を弱火で熱してバターを溶かし、強力粉を加えて炒める。

牛乳を少しずつ加えてのばし、塩も加える。

たえず混ぜながら中火で煮て、中心からふつふつと沸き始めたら火を止めて塩味をととのえる。

アスパラガスは、根元の固いところを手折ってから色よくゆでる。

穂先はとっておき、軸は小口切りにして、チーズの薄切り、パルミジャーノのすりおろしとともにソースの半量と混ぜる。

油のなじんだクレープパンまたはフライパンを熱して生地をお玉で薄く流し、中火で両面を焼く。

焼けたクレスペッレに等分したアスパラガスのソースをのせ、好みの形に閉じる。

耐熱器にソースを薄く引き、クレスペッレを並べ、残りのソースを流し、パルミジャーノのすりおろし、オリーブ油をまんべんなくかける。

250度で約10～15分、表面がこんがりときつね色になるまで焼く。

器に盛り、穂先をのせてさらにパルミジャーノをすりおろす。

やりいかとクレソンのサラダ

やりいか（刺身用）　中2はい
クレソン　たっぷりひとつかみ
にんにく　少々
オリーブ油　1/4カップ
塩　適量
アンチョビ　大2枚（小4枚）
ワインビネガー　適量
粗塩　少々
こしょう　少々

いかは、腸、墨、軟骨、皮をのぞいて洗い、食べやすい大きさに切る。

クレソンは、洗って水気をしっかりと切ったら、葉と茎に分ける。

茎は、ざっと刻んでからにんにく少々、オリーブ油、塩とともにミキサーなどでなめらかにする。

湯を沸かし、ワインビネガーを少々入れていかをゆでる。

ひと混ぜしたらすぐにざるに上げ、水気をしっかりと切る。

クレソンのソースにいか、アンチョビのみじん切りを入れてあえる。

最後にクレソンの葉とワインビネガー（またはレモン汁）を加えてさっとあえ、器に盛る。粗塩をふり、こしょうを挽く。

さつまいものタルト

4月2日　晴れ
夕暮れ時、川べりでクレソン摘み。あっという間に抱えるほど採れた。よく見ると、株の中央の新芽のところにびっしりと白いものがついている。虫だった。薄暮の下、憩いの森へ急いで車を走らせ、桜に酔う。

蒸しぶどうパン　バター
ケフィア　マーマレード
紅茶

・母屋の奥座敷で
たけのこごはん
油揚げとわらびの煮物　いりこ、酒、薄口しょうゆ、赤酒で油抜きした油揚げとあく抜きしたわらびを煮る。
めかぶとろろ　めかぶを酢、しょうゆ、塩であえる。
ふだん草の白あえ
パプリカのナムル　焼いたパプリカ、ごま油、塩、酢
アオサのみそ汁
ごまどうふ　しょうがじょうゆ
たけのことひともじのぬた

煮しめ　にんじんと干ししいたけを、だし、干ししいたけの戻し汁、しょうゆ、砂糖、酒で煮る。

春の豚しゃぶ　豚ばら、肩ロース、クレソン、菜花、わらび、丸もち。ごま油と粗塩またはごまだれ（黒練りごま、しょうゆ、酢）で食べる。

黒ごまの棒菓子、くるみのヌガー

4月5日　晴れ

昼時、庭のしだれ桜の下で山菜天ぷらに興じる。日差しがきつい。

くるみのスコーン

ケフィア　いちごと黒こしょうのジャム、マーマレード

紅茶

山菜天ぷら　たけのこ、よもぎ、芥子菜の菜花、たらの芽、わらび、うどの葉。うど以外はすべて庭や近くで採れたもの。衣は薄力粉と冷たい炭酸水を1：1強で混ぜる。黄金色の菜種油で揚げ、粗塩で食べる。

おにぎり　芥子菜漬け、梅干し

山うど

葉わさびのしょうゆ漬け

緑野菜のガーネ　卵白がたくさんあったので、強力粉と卵白をこねて、プーリアで習った平たく短いパスタを作ってみた（本来は水でこねる）。細いアスパラガスとスティックセニョールを一口大に切って一緒にゆで、クレソンペースト（生のクレソン、塩、にんにく、オリーブ油をミキサーでなめらかにしたもの。このペーストはパスタの他、ステーキ、パン、ゆで卵など、いろいろ使える）であえる。

にんじんの蒸し煮　たっぷりのにんじんを薄切りにする。完熟トマト少々、にんにく少々、オリーブ油、粗塩を加えて蒸し炒めにする。ふたについた蒸気を落としつつ、時々混ぜながら、うっとりするような甘みが出るまで炒める。

パプリカのマリネ　パプリカはオーブンで丸ごと焼き、皮、へた、種をのぞいて手で大きく裂く。オリーブ油、ワインビネガー、粗塩であえて味をなじませる。

ブルスケッタ　田舎パンを厚めに切ってこんがりと焼く。切り口ににんにくをこすりつけ、オリーブ油をたっぷりかけ、粗塩をふる。

クレソンの葉先のサラダ　クレソンの葉先だけを選んでオリーブ油、ワインビネガー、粗塩であえる。

はっさく、晩柑、ポメロー

マシュマロとナッツ入りのチョコレート、くるみのヌガー

4月6日　晴れ

春の森でピクニック。桜、栴檀、南天、野薔薇、蓬。車の行き交う通りをほんの少し入っただけなのに、ここには夢の時間がいつも流れている。熊本に来てよかったと、ここを訪れるたびに思う。

ケフィア　いちごと黒こしょうのジャム、マーマレード

コッペパン、くるみパン　好みでゆで卵のマヨネーズ和え、トマト、きゅうり、チーズなどをはさむ。

甘夏

紅茶

揚げアピオスのカレー塩　一見、小さなじゃがいものようだが、北米原産の豆科の植物の地下茎を食べるもの。春の小さなじゃがいもが出回ると母が必ず作ってくれた〝新じゃがのカレー炒め〟を思い出して、揚げてカレー粉と粗塩で食べてみる。

花わさび、芥子菜、油揚げの炒め　花わさびと芥子菜はざく切り、油揚げは細く切る。菜種油で油揚げをじっくり炒め、菜っ葉を加えてさっとあえ、酒、塩で味をととのえる。

しいたけとわらびの酢じょうゆ煮　薄切りのしいたけと、あく抜きして食べよく切ったわらびを、だし、酢、しょうゆで煮る。

天草の塩うに
きゅうりとにんじんのぬか漬け
アオサのみそ汁
ごはん

4月7日　晴れ

木がたくさん届いた。背の高い柘榴、姫沙羅、夏椿、白山吹、馬酔木《あせび》、フランス柊、花海棠《はなかいどう》、ヤマコウバシ。

くるみのスコーン
ケフィア　マーマレード
紅茶

けんちんつけうどん　しいたけ、にんじん、油揚げは細く切り、だし、酒、しょうゆでさっと煮る。青みはクレソンを小口切りにしてたっぷりのせる。島原うどんの釜揚げ（丸もち入り）をつけて食べる。
牛肉のコロッケ　春玉ねぎのみじん切りをバターで炒め、しっとりして甘みが十分に出たらすき焼きの牛肉の残りを入れてさっと炒める。塩、こしょうで味をととのえる。じゃがいも（キタアカリ）をつぶして、俵型にまとめる。小麦粉、溶き卵、生パン粉をまぶして菜種油でこんがりと揚げ、ソースで食べる。千切りのキャベツは別皿に盛る。
水前寺菜、クレソン、プチトマトの梅あえ　ゆでた青菜とプチトマトを梅干しの漬け汁、ごまであえる。
あおさのみそ汁
きゅうりとにんじんのぬか漬け
ごはん

4月8日　晴れ
今日は幸の森でピクニック。コブシは花びらがすっかり枯れ、緑が芽吹き始めている。しだれ桜はまだ五分咲きだが、ぜんぶ咲いたらどんな景色になるのだろう。それにしても、この森を訪れる人が少ないのがいつも不思議だ。許されることなら毎日でも来たい。夜はいつものみなといつものお好み焼き。

・大きな樹の下で
クレープ巻き　クレープで好みの具を巻いて食べる。ゆで卵、ツナ、マヨネーズ、クレソン、きゅうり、ベビーリーフ、プチトマト、いちご、ゴールドキウイ、バナナ、メープルシロップ。

はっさく
紅茶

きゅうりとたこの塩麹あえ　きゅうりとたこのぶつ切りを塩麹であえる。
わらびのナムル　あく抜きしてゆでたわらびを食べやすい長さに切り、にんにく少々、ごま油、粗塩、しょうゆ、酢少々であえる。
神戸風お好み焼き　神戸のお好み焼き屋で食べたものとは違うが、神戸の友人から彼女が家で作るお好み焼きを習って以来、お好み焼きはこれ一辺倒だ。油でカリカリに焼けた薄い生地のはしっこが何よりのごちそうで、いくらでも食べられる。よく熱したホットプレートに菜種油をたっぷり引く。ちょっと多いかなと思うくらいが断然おいしい。生地の配合は何回作っても迷うところだが、今日は薄力粉：水＝約1：2に粉かつおを混ぜたもので落ち着いた。具は持ち寄りにしたら、さきいかとたくあんという新しい仲間が加わった。この組み合わせもなかなか美味である。あとは定番の豚ばら肉、ひともじ、春キャベツ。ソースも2種用意。
パイナップル
くるみのヌガー

4月9日　晴れ

楠の大きな食卓が出来上がる。懸念していた楠の匂いは臭いどころかすっと鼻を抜ける感じがここちょい。これからは心おきなくたくさんの客を招くことができる。薪小屋の屋根も出来上がった。

はちみつバタートースト
ケフィア　マーマレード
紅茶

トマト卵麺　完熟プチトマトとトマトは乱切りにする。菜種油でつぶしたにんにくと唐辛子をゆっくり炒め、火を強めてトマトをさっと炒める。黒酢、薄口しょうゆ、きび砂糖、粗塩、山椒とうがらしを加えて味をととのえ、器に盛る。さらにとろとろの炒り卵を作ってのせる。冷水で洗ったうどんをのせ、クレソンと花わさびを散らし、ごま油をかける。

・いちご料理会の試作
いちごとラディッシュのピクルス
いちごのリゾット　鯛のあら、新玉ねぎ、ねぎでだしを取る。
ゆで鯛のいちごソース

4月14日　晴れ
腫れぼったい眼と重たい頭で一路七山《ななやま》へ車を飛ばす。高速道路の嫌な緊張感から解放され、山道に入った時には心が少し軽くなった。いつもと変わらぬあの飛び切り美しい笑顔で迎えてくれた友の温かさに生き返る。助けられた。夕方の散歩道、五葉アケビの群れに出くわす。

・幸の森にて
レーズンパン、チーズパン
牛乳

・七山の家　近くの山で汲んできた水があまりにもおいしくてごくごく飲む。お酒よりも水に自然と手が伸びる。
野菜の蒸し炒め鍋　野菜を使った汁気のない鍋料理を初めて作ってみた。油が加わるせいか、野菜だけの鍋とは思えない満足感がある。それにしても、七山の野菜のおいしいこと。厚手の土鍋に菜種油、粗塩とともに野菜を入れ、ふたをして蒸し炒めにする。今日の素材は小さなブロッコリー（最高に美味）、かつお菜、裏庭のしいたけを冷凍してあったもの、木綿どうふ。それぞれ1種類ずつを順々に入れて食べる。薬味もいろいろ用意したが、塩以外は何もいらなかった。大大満足。
ごはん（七山米）
おいしいのり
オレンジ
クラッカー

4月15日　晴れ

重苦しい気持ちなどどこ吹く風、すっかり楽しくなって七山にもう一泊させてもらう。朝食後、直売所で苗をたくさん買い込む。紅すもも、ジューンベリー、花海棠、利休梅。山へあの水を汲みに行く。昼は七山の隣村まで車を走らせ、ゆっくりとした時間を過ごす。夜の温泉で夕飯の献立会議。

オレンジ
クラッカー
豆乳　しょうがの粉、シナモンたっぷり。

・三瀬の森の喫茶店
ごぼうのスープ　クリーミーで何ともおいしい。

しいたけと菜の花のサンドウィッチ　サンドウィッチと言えば四角いサンドウィッチパンを焼かずに具をはさむのが好きだが、ここのサンドウィッチはおいしくて無心になる。スープを食べた時にも感じたが、特別な手をもった人の料理だ。自家製のほんのり茶色い山食をトーストして自家製のマヨネーズとマスタードを塗り、ソテーしたしいたけ、辺りで摘んできた菜の花、チーズをはさむ。絶品。

チャイ

・七山の家

かつお菜のナムル　かつお菜はざく切りにし、菜種油と水少々で蒸し炒めにして粗塩とごま油であえる。

ブロッコリーの白あえ　小さなブロッコリーをオリーブ油蒸しにし、すった木綿どうふ、韓国のみそ、ごま油少々であえる。

温泉で買ったキムチ

チヂミ　卓上のガス台に鉄のフライパンをのせて焼く。〈生地〉小麦粉、じゃがいものすりおろし、水、塩、後から卵も加える。〈具〉いか、みつば、玉ねぎ、ちぢみキャベツ、たらの芽など。〈たれ〉煮きり酢、しょうゆ、粉唐辛子

粉のりのスープ　唐津のおいしいのりの粉、梅干しの果肉をとった後の種、湯を混ぜるだけのスープ。信じがたい味。

チョコレート、バナナケーキ

台湾のお茶

4月16日　晴れ

七山から熊本へ。美しい人、美しい山との別れ。

・七山の家の縁側

豆乳梅シロップ（ヨーグルト風）

バナナケーキ

デコポン

けんちんうどん　しいたけの薄切りと油揚げの細切りを、だし、酒、しょうゆでさっと炊く。茶碗によそい、クレソンの小口切りをたっぷりのせ、ごまをたっぷりふる。冷水でしめた島原うどんをつけて食べる。

オリーブ油とチーズのスパゲッティ　スパゲッティを塩をきかせてゆで、たっぷりのオリーブ油をかけ、パルミジャーノをたっぷりすりおろす。いつ食べても夢中になる味。

トマト、赤パプリカ、きゅうりのサラダ　野菜は乱切りにし、オリーブ油、粗塩、ワインビネガーであえて皿に盛る。中心に半熟卵をのせ、粗塩をふり、こしょうを挽く。

4月17日　晴れ

柘榴の新芽が朝日に照らされてガーネットのよう。

・神戸のお店で出す料理の試作

しいたけとわらびのクレーマ　しいたけと新玉ねぎは粗く刻み、オリーブ油でじっくりと蒸し炒めにする。水を加えて煮立て、牛乳を加えてブレンダーでなめらかにする。わらびはあく抜きしてから頭を長めに切り、軸は小口に切っていずれもオリーブ油、塩でさっと炒める。熱々のクレーマにわらびをのせる。

鯛といちごのマリネ　赤パプリカを300度のオーブンでしんなりするまで焼き、冷ましてから皮、へた、種をのぞく。手で裂いて焼き汁、オリーブ油、ワインビネガー少々、粗塩であえる。鯛の刺身（皮つき）は、いちごのピュレと新玉ねぎのみじん切りであえる。小粒のいちごはオリーブ油とワインビネガーと粗塩であえる。パプリカ、鯛、いちごの順に段々に重ねて、上からオリーブ油、粗塩、こしょうをかける。いちごと白身魚の組み合わせはいつの頃からか定番だが、焼いたパプリカを加えてみたら、味の奥行きがだいぶ増した。

ミントミルクのゼリー　庭のペパーミントを、グラニュー糖を混ぜた牛乳でゆっくり煮出し、板ゼラチンで固める。まわりにはペパーミント、グラニュー糖、水を煮詰めたシロップを牛乳で割ったものを流す。

4月30日　雨のちくもり

植え残していた黒房すぐりの行方が決まる。育ち始めた棗《なつめ》の木も台所の近くに引っ越し。

くるみのスコーン　バター

ケフィア　いちごジャム、マーマレード

花の紅茶

・いつものうどん屋
カレーうどん
黒ごまアイスクリーム

なすときくらげの南蛮漬け　長なすは輪切りにして菜種油でこんがりと揚げる。きくらげはゆでて細く切る。しょうゆ：酒：酢＝1：1：1（今日は各大さじ3）に新玉ねぎのすりおろし1/4個分をバットに入れて混ぜ、油を切ったなすときくらげをつけておく。食べる時にやさしく器に盛り、白ごまをふる。

かぼちゃの煮物　種を取り、皮をしまめにむいたかぼちゃを適当な大きさに切り、きび砂糖、粗塩少々をまぶしておく。水分が出てきたら、ふたをして蒸し煮にする。焦がさないように時々様子を見ながら、表面がカラメル状になったら火を止めて味をなじませる。

野菜オムレツ　新玉ねぎ、干ししいたけ、ピーマン、トマトはさいの目に切る。菜種油で順に炒め、粗塩、しょうゆ少々でうっすら味つけする。卵に牛乳と塩を少々混ぜ、うす煙の立ち始めた鉄のフライパンに菜種油を引き、卵を流して大きく混ぜる。野菜を真ん中にのせ、火を弱めてオムレツ型に包みながら火を通す。フライパンを返して皿に盛り、千切りキャベツを添える。ソースで食べる。懐かしい母の味。

ずいきと南関あげのみそ汁　昆布と干ししいたけのだしで戻したずいきを煮て、南関揚げを割り入れ、みそを溶く。
押し麦、もちあわ、そば米いりごはん
きゅうりのぬか漬け
晩柑
レモンケーキ
牛乳

5月1日　晴れ

奈良の料理会の試作を始める。頭がまとまらず、材料を買い込みすぎてしまった。ワイルドストロベリー、フェンネル、ディルの苗を買う。

パンケーキ　バター、メープルシロップ
花の紅茶

・お城の近くの中華食堂
焼きそば　ちゃんぽん麺を使った塩味の焼きそば。

・奈良の料理会試作
肥後むらさきのマリネ　なすを丸のまま強火で10分蒸し、冷まして皮をむいてからオリーブ油、赤ワインビネガー、ミント、紫バジリコを混ぜたところにつけておく。なすと漉した汁を盛り、粗塩とオリーブ油を少々かける。

くるみとごまのピデ　強力粉（ミナミノカオリ）、水、ケフィア、はちみつ、塩、生種をこねる。１次発酵のみで細長くいびつな楕円状に手でのし、くるみ、白ごまをたっぷりとのせる。霧を吹き、２２０度上段で8分ほどこんがりするまで焼く。

きのこの蒸し炒め　しいたけ、ひらたけ、生きくらげは手で裂いて鋳物鍋に入れ、オリーブ油、つぶしたにんにく、タイム2種（薄紫の花のタイムとオレンジタイム）であえてじっくり蒸し炒めにする。きのこが油でつやつやと光り、香ばしい焼き色がついたら器に盛って黒こしょうをたっぷりと挽く。

牛すじ肉とパプリカの煮込み　すじ肉は2回ゆでこぼして綺麗に洗う。玉ねぎ、にんにくを刻んでオリーブ油でじっくりと炒める。すじ肉を入れてさらに炒め、赤ワイン、唐辛子2種（辛い唐辛子と香りのいい唐辛子）、シナモンスティック、パプリカ（スパイスの方）、トマト水煮、赤ワインビネガーを加え、ふたをした鍋で弱火で2時間ほど煮る。赤と黄色のパプリカを高温のオーブンで黒く焼き、冷ましてへたと種を取る。すじ肉がふんわり煮えたら、パプリカの実と焼き汁を加えてさらにしばらく煮る。

キャベツとプチトマトのサラダ　キャベツはちぎり、プチトマトは手で裂き（小さなナイフで切り込みを入れてそこから裂く）、オリーブ油、赤ワインビネガー、粗塩であえる。

小玉すいか

5月2日　くもり
　スナップえんどうをもぎに畑に行ったら、えんどうの隣の畝にあるグリーンピースに気持ちが移った。畑でもぎたての豆を次から次へ口に放り込む。椿も生の青い豆は好きなようでいくつも食べた。

焼きたて食パン　強力粉、はちみつ、水、塩、生種をこねて食パンを作る。バターと。
ケフィア　レモンジャム
中国緑茶

炒飯　中華鍋を熱して菜種油とつぶしたにんにくを入れて炒め、ちりめんじゃこ、キャベツ、赤ピーマン、ひらたけ（具は細かく刻む）を入れてさらに炒める。ごはん（麦そば米入り）、を入れてこんがりと炒め、刻んだしその葉とラディッシュの葉を混ぜ、最後に酢を回しかけ、ごまをふる。最後に入れる酢が脂っこさをかき消す重要な役割を担う。
かぼちゃとトマトのスープ　一昨日の残りのかぼちゃの煮物とトマトを昆布と干ししいたけのだし、塩で煮る。

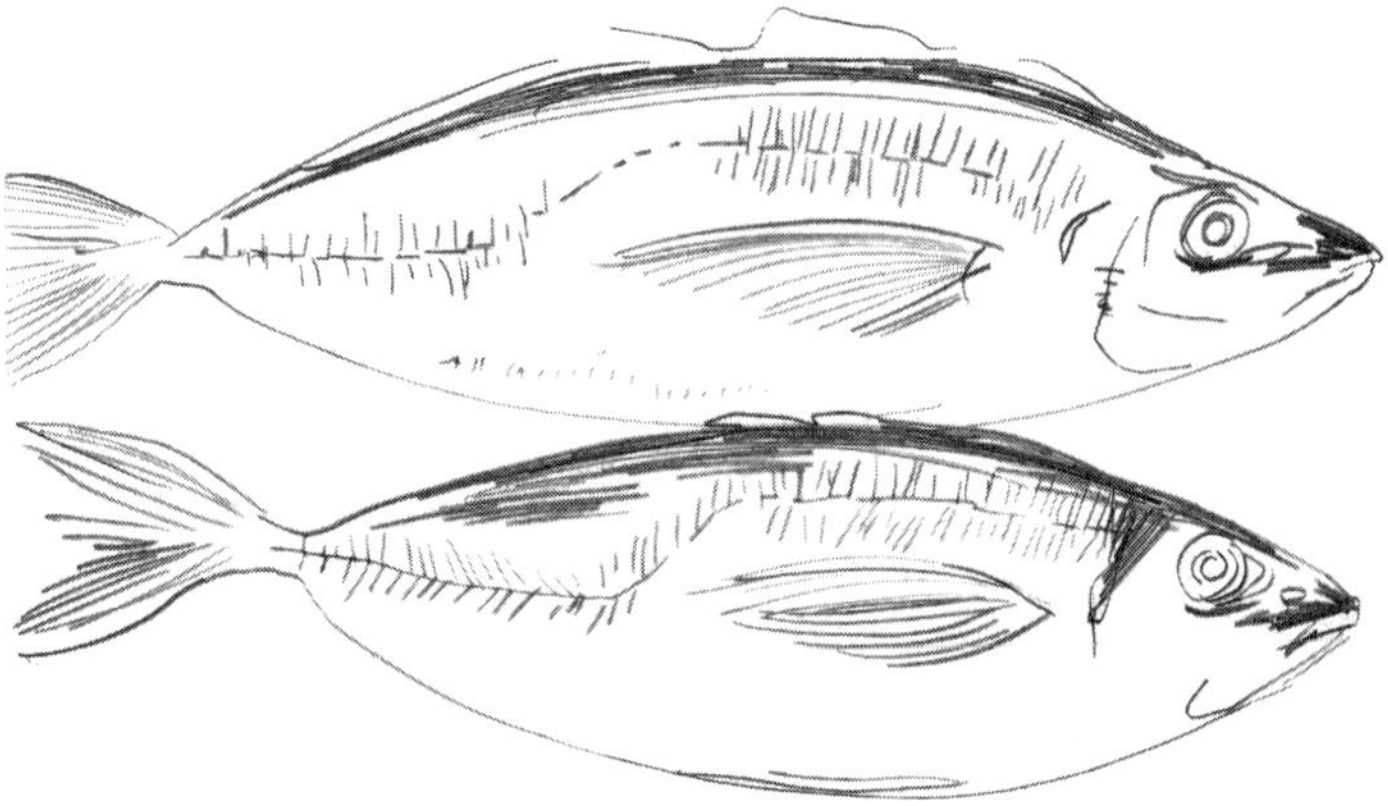

あじ

スナップえんどうと小さな青梗菜の塩麹蒸し　スナップえんどうは塩麹と菜種油少々をまぶして蒸し煮にし、ほぼ火が通ったら青梗菜を加える。青々と、歯ごたえも残すように仕上げる。
あじの塩焼き　おろし辛味大根
ラディッシュのぬか漬け
豆ごはん　米、もち米少々、米と同量のグリーンピース、酒、塩を炊く。
きのこのみそ汁
小玉すいか

5月3日　久しぶりの晴れ間
サルナシの受粉用にキウイの雄木を買ってくる。トイレと洗面所の壁を白く塗った。

トースト　バター、キャラメルマーマレード
ケフィア　レモンジャム
中国緑茶

肉まんと蒸し野菜（アスパラガス、キャベツ）　豆板醤と黒酢で。
ギリシャ風サラダ　ギリシャのフェタチーズが届いた。となるとソフィアのサラダ

だ。もう二十年も前のこと、ドイツで過ごしたひと夏が蘇る。りんごの並木道を見下ろす城壁に囲まれた、おとぎ話のように美しい町のアパートで暮らしながら、私はドイツ語を学んでいた。その時の同居人がソフィアだった。漆黒の髪とギリシャ彫刻さながらの端整な顔立ち。深く輝く瞳に見つめられると吸い込まれそうで、私は自分が彼女と同じ人間であることを疑いたくなるほどだった。そんなソフィアがなぜかドイツの家の台所にあった巨大なパエリアパンを出してきて、故郷の料理を作ってくれると言う。やたらに太いきゅうりや、巨大なパプリカやトマト、玉ねぎを、切れない包丁でまな板も使わずに刻み、フェタチーズをちぎり、ケッパーを散らし、オリーブ油をたらたらと垂らしながら（当時の私はオリーブ油などほとんど使ったことがなく、油をこんなにたくさんサラダに入れることに内心ハラハラしていた）混ぜる様子をただ息をのみながら見ていたものだ。出来上がったサラダは、ありきたりのドレッシングがかかった生野菜の盛り合わせではなく、すべての素材がオリーブ油を纏い、艶々と光ってどこか神々しいほどだった。ドイツのしっとり、どっしりとした大きなパンと一緒に、片言のドイツ語を交わしながらふたりでひたすら食べた。大きなパエリアパンに山盛りだったサラダはいつしか空っぽになり、鍋底に残った野菜とチーズの旨味が出た汁もパンで拭ってすっかり綺麗に食べた。水を注ぐと白く濁るウーゾを小さなグラスでおいしそうに飲むソフィア。故郷のギリシャではこのサラダを〝農夫風サラダ〟と呼び、パンとウーゾと必ず一緒に食べるのよ、と教えてくれたソフィアは今どこで何をしているんだろう。きゅうり、トマト、青い甘唐辛子、新玉ねぎは食べよく切り、酢漬けのケッパー、その漬け酢を少々、グリーンオリーブ、イタリアンパセリ、粗く砕いたフェタチーズを鉢に盛る。オリーブ油をたっぷり、底にたまるほどたっぷりかけてよくあえる。

田舎パン

5月の豆のスープ　白いんげん豆は一晩たっぷりの水で戻し、にんにくと新玉ねぎを加えて柔らかく煮る。グリーンピース、さやいんげん、モロッコいんげん、スナップえんどう（ピース以外は一口大に切る）、オリーブ油、粗塩を加えてふたをして弱火で煮る。鮮やかな緑があせ、豆が柔らかくなったら火を止める。

パエリア　サフランをたくさんいただいたので、珍しく料理をしてくれるという護光さんにパエリアをリクエストする。どうせ作ってもらうならば、ふだん自分が作らないようなものがいい。我が家にパエリア鍋はないので、伊賀の黒鍋で作ることにする。骨付きの鶏もも肉、やりいか（墨も入れる）、はまぐり、甘長唐辛子、玉ねぎ、にんにく、トマトなどをじっくり炒め、米も炒めてサフラン、スペインの燻製パプリカ（香りがよい！）、オリーブ油、粗塩を加えて煮る。留守番の時以外は料理をしないから、正直あまり期待していなかったが、横で見ていたらおいしいものができると確信した。器を作る時のような丁寧な手つきで、ひとつひとつの素材を優しく炒めてゆく。底の方が少し焦げたけれど、お世辞抜きでおいしい。「またよろしくお願いします」と言ったら、「また来年」と返された。

干しいちじく

ピエモンテの山のバター
オーヴェルニュの山羊のブルーチーズ、ミディピレネーの羊のチーズ
メロンのソルベット　緑のメロンの果肉150グラム、グラニュー糖、レモン汁10グラム、牛乳をピュレにして凍らせ、フードプロセッサーにかけてねっとりとさせる。

5月5日　晴れ
阿蘇へ。新しくできた登り窯を見に行く。石の風合いが美しく、なかなか風情がある。いい器が焼けそうだ。展望台で昼ごはん。突風で吹き飛ばされそうになる。

はちみつバタートースト
ケフィア　フィンランドみやげのはちみつ
牛乳

・窯場の上の展望台にて、直売所で買ったもので昼食
太巻き、いなりずし
卵サンド少し
小メロン漬け
たけのこ、わらび、こんにゃくの煮しめ

5月6日　晴れ

プチトマト
いちご
窯場の湧き水

グリーンピースのカヴァテッディ　椿と一緒に作った。近頃おっぱいばかりで全然食べなかったのに、「とってもおいしいね！」と満面の笑みで1人前は平らげた。強力粉（ミナミノカオリ）：水＝2：1で生地をこねる。2ミリの厚さに伸ばして1センチ×2センチに切り、人差し指と中指で強く押さえ、手前にくるりと転がしてくぼみをつける。湯を沸かし、粗塩、にんにく、グリーンピースをさやごと入れてゆで、香りが移ったら取り出す。グリーンピースをむいてカヴァテッディを入れ、3分ほどゆでる。水気を切って器に盛り、オリーブ油をかけ、粗塩をふり、パルミジャーノをすりおろす。

野菜のロースト　なす、トマト、ズッキーニ、玉ねぎは大きく切り、モロッコいんげん、甘唐辛子は丸のまま、たっぷりのオリーブ油、粗塩であえる。250度のオーブンで30分、混ぜながら焼く。最後の10分でバジリコ、フェンネル、マジョラム、セージ、オレガノの枝を加え混ぜて焼き、こんがりとしたら取り出す。

いちご

いつもの植木屋へ。探していた梅花空木《バイカウツギ》と卯の花が見つかる。イエローラズベリーももう一株買う。

夜、ご祠堂の前で満月を眺めながら一杯呑む。

トースト　バター、マーマレード

ケフィア　レモンジャム

中国緑茶

ぶっかけ桐生うどん　私にとって桐生うどんはうどんの王様だ。桐生うどんが冷蔵庫にあるとうきうきする。うどんをゆでて冷水でしめて鉢に盛る。にらの小口切り、生卵、鰹節といりごまを挽いたもの、白ごま、しょうゆと酒を混ぜたものをかけ、ぐるぐると混ぜて食べる。薬味のねぎはたいてい後でもたれるが、にらは大丈夫だった。

メロン

きくらげの蒸し炒め　生きくらげを手で裂き、つぶしたにんにく、菜種油、粗塩を混ぜてふたをして蒸し炒めにする。混ぜながら、きくらげがぷりんとしたら、ナンプラーをかけ、こしょうを挽いて混ぜる。

揚げ春巻き　豚ばら肉、きくらげ、玉ねぎ、にんにくの芽、戻したビーフンはすべてみじん切りにし、ナンプラー、こしょう、塩、片栗粉少々を混ぜる。生春巻きの皮で巻き、菜種油で揚げる。サニーレタスに熱々を取り、たれをかけ、ハーブをたっぷりちぎってのせ、巻いて食べる。〈たれ〉ナンプラー、レモン汁、唐辛子、にんにく、酢〈ハーブ〉シナモンバジル、コリアンダー、ペパーミント、フェンネル、小さいバジリコ

焼きなすのサラダ　高温のオーブンで焼いた長なすをナンプラー、酢、つぶしたにんにくでマリネする。半熟ゆで卵を朝の残りの中国緑茶につけておく。なすに揚げ春巻きの残りのハーブをちぎって混ぜ、ゆで卵、ゆでたスナップえんどうと合わせて器に盛る。

まながつおのレッドカレー　菜種油でレッドカレーペーストを炒め、香りが出たらココナッツミルクの濃い部分を加えて混ぜる。プチトマト、まながつおの角切り、ココナッツミルクの薄い部分を加えて中火で煮る。まながつおを返しながら煮てほぼ火が通ったら、赤パプリカ（３００度のオーブンで20分焼いて冷ましてから皮と種をのぞき、手で裂く）、ナンプラー、パームシュガーを加えてひと煮立ちさせる。

いちご

5月7日　くもりのち晴れ

朝から庭仕事。苗を乾燥から守ると聞き、雑草を抜いては果樹の根元に盛ってみる。石塀の前に柑橘の苗を移植する。明日の料理教室のために丘の上の畑へ。ふっくらとふくらんだグリーンピースをたくさんいただいた。夜のバーベキューのためのサラダ菜もたくさん。

バタートースト　バターをのせてからいつもより気持ち長めに焼いてみたらバターがじゅわっとしみておいしかった。

牛乳

トマト、きゅうり、とれたてのサラダ菜のサラダ　ごま油、粗塩、酢であえる。

メロン

・北庭で炭火焼の集い

コトープロ・メ・パターテス（ギリシャ語で〝鶏とじゃがいも〟）友人が故郷ギリシャのお惣菜を披露してくれた。鶏ささみ10本（本来は胸肉を使うが、肉屋とのコミュニケーションがうまくはかれずささみを買ってしまったらしい）、にんにく3玉、じゃがいも中5個、バター、オリーブ油、レモン大1個、塩、オレガノを用意する。鶏肉を一口大に切り、オリーブ油を引いた耐熱皿に並べる。すき間に皮をむいて一口大に切ったじゃがいもとにんにくの薄切りを入れ、バターをところどころにのせ、塩をふり、オレガノの葉を散らす。２５０度のオーブンの上段で5分、２００度で30分くらい、うっすら色づくまで焼く。油たっぷりのギリシャ料理のイメージからは遠い、優しくさわやかな味。

炭火焼き肉　豚ばら肉は、①粗塩、エシャロットみじん切り、ごま油　②泡盛、黒砂糖、しょうゆ、豆板醬、にんにく、しょうが、ごま油であえる。牛小腸は、みそ、しょうゆ、黒砂糖、豆板醤、にんにく、ごま油であえ、炭火でジュージュー焼く。
サラダ菜いろいろ
辛みそ　みそ、白ごま、ごま油、豆板醤、にんにく、しょうがじょうゆ（干ししょうがをしょうゆと酒に漬けたもの）を混ぜる。
小メロン
塩むすび
豊後竹田のおみやげ菓子

5月8日　晴れ

夕刻、墓地を散歩。路傍の野いちごが真っ赤に熟れて輝いていた。椿が採っては食べ、採っては食べ、もっとノイチゴ、もっとノイチゴとせがむ。レモン、テイカカズラ、ぶどう（ピオーネ）を移植。工房の屋根の下にヤマホロシをようやく植える。

バタートースト　マーマレード
中国緑茶

・ギャラリー5月の料理教室
グリーンピースのカヴァテッディ
きくらげの蒸し炒め

蛇いちご

金目鯛ととうふの煮つけ　しょうゆ、酒、きび砂糖、水を煮立てて金目鯛の切り身を強火で炊く。煮汁でとうふをさっと炊く。
サラダ菜とアオサとじゃこのあえもの　ゆでたサラダ菜とアオサをじゃこ、ごま、ごま油、酢、しょうゆ、粗塩であえる。
トマトに粗塩
グリーンピースのみそ汁　昆布といりこのだしでさやをむいたグリーンピースを炊き、柔らかくなったらみそを溶く。
しょうがごはん　しょうがのみじん切りたっぷり、刻んだ南関揚げ1枚、米1カップ半、もち米大さじ1、酒大さじ1、しょうがじょうゆ大さじ1、塩小さじ1を同量の水で炊く。

5月12日　晴れ

奈良にて料理会。初夏色の器に熊本の食材をふんだんに使った料理を盛る。仕込みの途中、ふと厨房の熱気に息苦しくなり、台所の裏口から外に出る。焼いたパプリカの皮をむきながら、葉、鳥、風、光を一身に感じてずっとそこにいたくなった。

・奈良の宿の食堂
ヨーグルト　巣はちみつ、いちご（あすかルビー）ジャム、デコポンのマーマレー

ド
葉玉ねぎのスープ
オムレツ　ケチャップ、ソーセージ、ポテトとしめじのソテー
パン　フォカッチャ、いちじくのパン
さくらんぼう、キウイ、グレープフルーツ　今日も皿にあしらわれた緑が綺麗。
紅茶、りんごジュース

・まかない
カレーうどん　具は牛肉と油揚げ。ほんのりとろみがかっている。上にはたっぷりの白髪ねぎ。

・料理会
ひごむらさきのマリネ
生きくらげの蒸し炒め
五月のスープ
馬すじとパプリカの煮込み
小かぶとズッキーニのサラダ、晩柑の香り
メロンのジェラート

・会の後の心温まる夕食。ごはんは夜遅くにわざわざ炊いてくださったもの。
ごはん
ちりめんじゃこ
おにぎり（椿のために）
しいたけと青菜のみそ汁
鰆の西京漬
だし巻き卵　大根おろし
きゅうりと小かぶのぬか漬け、昆布の佃煮、きゃらぶき
いちご

5月13日　晴れ
料理会二日目。器を使うたびにどんどん料理と近づいてくる。淡いシャーベットグリーンの器にメロンのジェラート。どきりとする。

・料理会の厨房
番茶
ペパーミント入り紅茶

・ホテルの食堂

茶がゆ
揚げなすのおひたし
里いもの梅煮　うっすらとした色にほんのり梅の香りで炊きあがった里いも。新鮮なおいしさ。
切り干し大根と油揚げの炊いたん
大和真菜としいたけのおひたし　久しぶりの大和真菜。朝からだしたっぷりのおひたしはうれしく、いくらでも入る。
きゅうり、小かぶ、セロリのぬか漬け、梅干し、昆布の佃煮、きゃらぶき
できたてのわらびもち　黒蜜ときなこで。この宿最大の楽しみ。
紅茶

・近所のカレー屋の出前
チキンカレー
ナン
サラダ

・料理会の後、また温かな夕食。
天ぷら　しいたけ、えび、ズッキーニ、新玉ねぎ
大和牛のロースト、サラダ

かぶときゅうりのぬか漬け、きゃらぶき、昆布の佃煮
千切りじゃがいも入り茶碗蒸し　梅肉をのせた葛餡がかかっている。
豆ごはん

5月17日　晴れ
崎津へ。熊本で好きな場所がまたひとつ増えた。夏、椿にこの海を見せてあげたい。

バタートースト
ケフィア　レモンジャム
牛乳

・崎津の海を見渡す家で天草の郷土料理を習う
せんだご汁　まずじゃがいもを掘りに行く。この料理にぴったりのじゃがいもを育てている。じゃがいもは皮をむいてすりおろし、水にさらしてでんぷんを分離させる。水分を捨て、すりおろしたものとでんぷんを混ぜてこね、だごを作る。大きないりこを一晩水にひたし、漉したたしを煮立ててだごを煮る。透明感が出てきたら薄口しょうゆで味をととのえる。小麦粉を使っただごとはまったく違う、初めての食感。
ところ天　しょうゆのほか、ふりかけをかけることをすすめられた。

5月19日　晴れ

かまぼこ　すり身から作る自家製のかまぼこ。お祝いには欠かせないとのこと。

わかめごはん　前の年のわかめが残っている時に作るという混ぜご飯。根菜やこんにゃくを刻んで甘辛く炊き、炊きたてのごはんにわかめとともに混ぜる。

すり身焼き　すり身に枝豆、ひじき、バジリコ、とうふを混ぜてソーセージ状にして油で焼く。お母さんの発明料理。

ふだん草の白あえ

晩柑、野いちご（赤、黄色）　薄暗い家の中できらめく果物たち。

しらすのリングイネ　新にんにくを皮ごとつぶし、種ごと刻んだ赤唐辛子とたっぷりのオリーブ油でゆっくり炒める。にんにくがほんのり色づいたらリングイネ、刻んだコリアンダーを入れてあえる。器に盛り、たっぷりのしらすをのせる。

のどぐろともちうおのスープ焼き　平鍋に完熟トマト、新にんにくの軸、赤玉ねぎの切れ端、フェンネル、紫バジリコ、オリーブ油、粗塩、ひたひたの水を入れて火にかける。煮立ったらわたを抜いた魚を並べ、オリーブ油、粗塩をかけて２５０度のオーブンで15分焼く。

自家製パンのトースト　オリーブ油

甘夏

ガラスの器だけに料理を盛るのは今日がはじめて。コバルドブルーの器には黄色がきっと映える。陶器にも磁器にもない特別な透明感と手や唇に触れた時の冷たい優しさ。温かい料理もすんなりと受け止めてくれた。

シナモントースト
中国緑茶
しらすかけごはん　冷やごはんを洗い、沸騰した湯であたためる。ざるに上げ、同じ湯でさいの目に切った絹ごしどうふを温める。同じ湯できくらげをゆでる。どんぶりにごはんを盛り、上からたっぷりの釜揚げしらすと青のりをのせ、ごまをふる。昆布といりこのだしに酒と塩を加えて煮立てたものをかける。

・ガラスの器だけを使う料理会の試作
黄色い焼き野菜のクレーマ
五月の空色のニョッキ
山と海のたたき
水玉ゼリー
チーズ（テストゥン・アル・バローロ、ブルー・ド・オーヴェルニュ、ゴーダ、ブラのバター）

クラッカー

5月20日　くもり時々雨
久しぶりに植木屋へ。ブルーベリーを4本、大きな白山吹（実がたくさんついている。実をはずして植えた方が花付きがいいとのこと）、常緑紫陽花、山桃を連れて帰る。

マーガレットケーキ
クラッカー　バター
牛乳

・植木屋へ向かう街道ぞいのうどん屋
ごぼうわかめうどん
いなり

ごまのピデ　いつものピデの生地に白ごま、黒ごまをたっぷり、オリーブ油、粗塩をかけ、220度で10分ほど焼く。
空豆のピュレ　新玉ねぎの薄切りをオリーブ油、粗塩で柔らかく蒸し炒めにする。玉ねぎと同量の空豆を皮をむいて加え、ごく柔らかくなるまで煮る。粗熱が取れたらケフィアを加え、ブレンダーでとろりとしたピュレ状する。器に盛り、オリーブ油をかける。ピデをちぎってつけながら食べる。モロッコ風サラダとの相性もよい。

モロッコ風サラダ　トマト、ラディッシュ、赤玉ねぎ、赤パプリカはすべて小さなさいの目に切る。レモン汁、オリーブ油、クミン、粗塩であえる。

かつおのコリアンダーソース　かつおのたたきにコリアンダー、にんにく少々、オリーブ油、粗塩をペーストにしたソースをかける。レモンを好みで絞る。

ケフタのタジン風　マラケシュで過ごした日々、二人の若者がこの料理でもてなしてくれた時のことは忘れない。教えられるままに初めての水煙草を吸いながら、初夏の砂漠の美しさを語る彼らの話に耳を傾けたあの時を。

〈ケフタ〉　牛挽き肉500グラム（足りないので昨夜の馬赤身肉も少々）、赤玉ねぎ100グラム、イタリアンパセリ少々、しょうが少々、一味唐辛子、シナモンスティックすりおろし適量、クミンパウダー小さじ1/2　〈ソース〉完熟トマト500グラム、赤玉ねぎ100グラム、にんにく1かけ、オリーブ油、粗塩　〈仕上げ〉卵4個

牛挽き肉はボウルに入れてよく冷やし、赤玉ねぎとイタリアンパセリのみじん切り、しょうがのすりおろし、スパイス、塩、こしょうを加えてよく混ぜる。12等分にして空気を抜きながら丸め、中央をくぼませる。フライパンを熱してオリーブ油を引き、中火で両面軽く色づくように焼く。ソースの野菜はすべてすりおろして（トマトはすりおろしていると自然と皮が残って取り除きやすくなる）土鍋に入れ、オリーブ油、粗塩を加えて中弱火で10分ほど煮る。少し煮詰まって野菜の甘みと香りが十

空豆

分に出たら、ケフタを入れてふたをして5分ほど煮る。隙間に卵を割り入れ、再びふたをして弱火で半熟になるまで煮る。

空豆のクスクス　空豆の皮をむき、さっと塩ゆでする（皮をむいてゆでることでほどよい歯ごたえになる）。クスクスを同量の熱々の空豆のゆで汁で戻し、5分ほどしたらほぐしてオリーブ油、ミント、フェンネル、コリアンダーをはさみで切って加え混ぜる。

すいか、メロン（肥後グリーン）

5月21日　晴れ

またも植木屋へ。ブルーベリーをまた4本、梅花空木、常緑紫陽花、白木香薔薇、カロライナジャスミン、ユーカリ、ヤマホロシ、富貴草《ふっきそう》、オランダ原産のつる植物（名前は忘れた）。帰り道、車の中は森のようで、ユーカリの香りにうっとりとしながら家路に着いた。

七山のクラッカー　バター

牛乳

チャプチェ風野菜麺　生きくらげ、干ししいたけ、赤玉ねぎ、黄パプリカ、キャベツ、ラディッシュ、きゅうりはすべて千切りにする。菜種油で赤唐辛子を炒め、野菜を固いものから順に炒める。しいたけの戻し汁、酒、塩、薄口しょうゆをふって味をととのえ、ゆでて冷水で洗ったチャプチェをあえ、火を止めてごま油を加え混ぜる。器に盛り、白ごまをかけ、豆板醤をのせる。酢をかけながら食べる。
すいか
きなこ飴

いわしの塩焼き
とうもろこしごはん　石釜に米、酒、塩を入れて炊き、沸騰したらとうもろこしを入れる。あとはそのまま炊く。癖になるごはん。
キャベツと南関揚げと青のりのみそ汁
トマトに粗塩
なすみそ　なすは乱切りにして水にさらす。菜種油に赤唐辛子を入れて弱火で香りを立たせ、なすを入れて強火で炒める。油がなじんだらみそ、酒、ざらめを加えてとろみがつくまで混ぜながら炒める。火を止めてごま油少々とたっぷりのごまを加え混ぜる。なすみそはいつだっておいしい。
きゅうりの古漬け

5月22日　晴れ
夕方、いつもの道を散歩。椿はメタセコイアの並木道を通りながら、この巨木から生まれでてきた若葉を「キレイネ、キレイネ!」といつになく反応している。森林研究所の奥に植えられたブラッシノキの花にも触りたいと言って触り、「フワフワシテイルネ！」と嬉しそうだ。メタセコイアも、ブラッシノキも、私がほとんど注目したことのない樹だったが、椿のおかげでいつもとは違うところに目がいった。夏茱萸《ナツグミ》の木に真っ赤な実がたくさんなっていた。

七山のクラッカー　バター
蒸しプチパン　バター
バナナジュース　冷凍の完熟バナナ、牛乳をミキサーにかける。

・街道沿いのうどん屋
納豆うどん
梅ジュース

空豆のカヴァテッディとオレッキエッテ　強力粉：水＝２：１でこねて生地を作る。細長いひも状に伸ばし、１センチ大に切ってから半分はカヴァテッディ、半分はオレッキエッテにする。カヴァテッディは小さく切った生地を人差し指と中指で強く押さえ、手前にくるりと転がしてくぼみをつける。オレッキエッテは刃の鋭くない食卓用ナイフの頭の部分を生地に当ててくるりと手前に転がし、そのまままくるりとナイフの上で裏返して作る。小鍋にピエモンテのバターとペパーミントの枝を入れ、

5月25日　晴れ

ごく弱火でバターがほんのり翠色になるまで火を入れる。パスタをゆで始めたら、つぶした新にんにくとパスタのゆで汁を加えてさらに煮る。パスタがゆで上がる少し前に、パスタの鍋に皮をむいて半割りにした空豆を入れる。湯を切り、熱い鍋にパスタと空豆を入れ、漉したミントバターを加えてあえる。ゆで汁とすりおろしたコンテを加えてとろりとさせ、器に盛ってこしょうをたっぷりと挽く。初夏の宝物のような料理。

鶏肉のビネガー煮　骨付き鶏もも肉ぶつ切り、鶏手羽先、小さな新玉ねぎ、ピーマン（野菜はいずれも丸のまま）、オレガノ、セージ、ローリエの若葉をすべて平鍋に入れ、ワインビネガーを回しかける。オリーブ油をかけ、粗塩をふってふたをし、中弱火で40分ほど煮る。鶏肉が骨からすんなり離れるくらいまで煮えたらグリーンオリーブを混ぜる。

トマトのサラダ　完熟トマトを乱切りにし、バジリコ、紫バジリコ、新にんにく、ワインビネガー、オリーブ油、粗塩であえる。

いちじくパン

水玉ゼリー　梅シロップを水で割ってゼラチンで固める。スプーンで断面がキラキラと輝くようくずして皿に盛る。すいかと二色のメロンを丸くくり抜いてのせ、梅シロップを混ぜた冷たい炭酸水をかける。

泰勝寺にて「熊本の五月」の展示が始まる。ガラス、折型、料理、焼き菓子の四つの世界がどんなふうに重なり合って見えるのだろう。料理会では、ガラスの器だけを使って料理を出す。コバルトブルー、深いグリーン、空色、透明、様々な色や輝きの中に料理を盛る喜びは他の器では得られない。夜は一日目の無事終了を祝って乾杯。我が家の大きな食卓がはじめてぎっしりと埋まって何だか嬉しくなる。

ツォップ　バター
紅茶

・吹きガラスの器を使った料理会
黄色い焼き野菜のクレーマ
五月の空色のニョッキ
山と海のタルタル
プチトマトとピーマンのバルサモ風味
水玉ゼリー

にらと豚肉の辛味炒め
サニーレタス
水菜といんげんのごまあえ

ズッキーニ、ピーマン、じゃこの炒めもの
鯛とかますの干物焼き
ごはん

5月26日　快晴
「熊本の五月」二日目。七山のクラッカーと一緒にスープを出す。濃い緑のガラスに白い豆のスープ、水面に散る緑の点。透明のガラスに淡いグリーンのメロンのスープ。夜は会が終了した晴れやかな気持ちで、念願の神戸式のお好み焼きにて打ち上げ。大笑いの絶えない食卓となった。

バタートースト
メロンジュース　料理会の残りのいろいろな色のメロン、ケフィア、牛乳、氷をミキサーにかける。

・裏の茶室
塩おにぎり
わかめととうふのみそ汁
じゃこ、ふりかけ
緑茶

本物の神戸風お好み焼き　〈生地〉小麦粉はふるい、水と粉かつおを加えてさらりと流れるくらいに溶く。生地は一回分ずつ仕込むのがこだわり。〈具〉豚ばら肉（塊を厚めに切る）、いか、にら、小ねぎ、キャベツ〈ソース〉どろソース
鉄板焼き　なす、ズッキーニ、豚ばら肉
　プチトマト
5月31日　晴れのようなくもりのような
東京へ。上野毛の裏通りを自転車で走る。甘い緑の香り。酔うほどに濃い、でも爽やかな匂い。
　ごまスコーン
　ミルクティー
・人形町の讃岐うどん屋
おろし梅わかめぶっかけうどん
かき揚げ、半熟卵の天ぷら

・母の料理
あじとやりいかのにぎりずし
太巻き　ほうれん草のおかかあえ、卵焼き、きゅうり、梅干し、かんぴょう、ごま

を巻く。
ひじき、油揚げ、にんじんの炒り煮
なすの忘れ煮
さやいんげんの煮つけ
きゅうりのぬか漬け、しょうがの赤しそ漬け
青梗菜のみそ汁
すいか

6月7日　くもり時々雨

朝、畑へ。明日の料理会用に玉ねぎ、赤玉ねぎ、キャベツ、赤と白のじゃがいも、すじなしいんげんを採る。じゃがいもがあまりにもおいしそうなので、今夜少しいただくとする。エッセンの友を夕食に招く。ドイツと日本の血が入り混じった美しき小さな兄妹に心ほどける。

夏野菜のふくろ　すし揚げは油抜きをし、箸を転がして開きやすくする。おくらとさやいんげんは小口切りにして、それぞれ揚げに詰め、楊枝でとめる。鍋に入れ、隙間にトマトを入れる。だし、薄口しょうゆ、酒、塩を混ぜて味をととのえ、ひたひたになるよう注いでふたをして中火にかける。煮立ったら火を弱め、20分ほど煮る。ふくろを器に盛り、トマトは薄皮をはずし、だしを加えてなめらかにしてすり流して汁物としていただく。

なすと豚肉の塩麹炒め　なすは皮をむいて角切りにして水にさらす。玉ねぎときくらげはみじん切り、豚肉は適当に刻み、塩麹をまぶしておく。玉ねぎ、豚肉、きくらげ、なすの順に炒め、味を見て塩麹を足す。レタスで巻いて食べる。

枝豆と干物の混ぜごはん　ごはんを炊き、塩ゆでした枝豆、こんがりと焼いてほぐしたあじの干物、水にさらして絞ったしその千切り、炒りごまをさっくりと混ぜる。

新じゃが、かぼちゃ、とうもろこしのカレー風味　菜種油でつぶしたにんにくを炒め、あらかじめ蒸しておいた新じゃがとかぼちゃを入れてこんがりと炒める。とうもろこしの粒をはずして加え、カレー粉、粗塩を加えてさらに香ばしく炒める。

6月11日　晴れ

九州で、また心惹かれる家と人に出会った。古びた門をくぐるとドクダミだけのアプローチ、家の中は光よりも影で彩られている。雨を受け、白茶けた椅子が新緑に映える庭、古い建具や民具が点在する薄暗い家との対話。家のそばを流れる川には蛍が手づかみできるほどにたくさん飛んでいる。それらを目にする度に私の心が気持ちよく波打つのがわかる。家の主が毎日欠かさないという朝のお茶。昨日、今日と最高に豊かな時間が流れてゆく。

・福岡、蛍の川の近くの家
　抹茶
　黒皮まんじゅう

バナナジュース
丸パン　甘夏のコンフィチュール
焼きメレンゲ
カフェラッテ

・市役所そばのうどん屋
豆ごぼううどん

トマト、かぼちゃ、いんげんの煮物　種とわたを除いた角切りのかぼちゃといんげんは菜種油で炒め、いりこだし、薄口しょうゆ、酒で煮る。ほぼ煮えたら、鍋の中でいんげんとかぼちゃに分け、かぼちゃに近いところにトマトを丸ごと並べる。かぼちゃの上にだけてん菜糖を少々ふり、ふたをして弱火で煮含める。

赤じそずし　石鍋で炊いた炊きたてのごはんに赤じその梅酢漬け、紅生姜、酢を混ぜる。

夏野菜のねばねば　きゅうり、ピーマン、おくら、大根、新玉ねぎはすべてみじん切り。千切りこぶ、梅酢、ごまを加えてねばねばになるまで混ぜる。

キャベツときゅうりの古漬けのじゃこ炒め　古漬けを刻んで菜種油で炒め、酒、塩、薄口しょうゆ、じゃこを加えて水気を飛ばす。

じゃがいも、油揚げ、青のりのみそ汁

6月13日　晴れ

梅もぎ。時間がなく、今年は梅仕事を諦めるつもりだったが、採り尽くされたと思っていた梅の木の合間に見え隠れする実がまだまだあることに気づく。最後に残った梅をもいでみたら、結局10キロほども採れた。梅干しと梅酒を仕込むことにする。

くるみベーグル　バター
ケフィアミルク

・6月の料理教室

わかめずし　ごはんを炊き、酢と塩で酢飯を作る。刻んだわかめ、手で半つぶしにした白炒りごま、新しょうがの酢漬け（酢と塩だけで漬けたもの）のみじん切りを加えてさっくりと混ぜる。

せんだご汁

あじに夏野菜のねばねば　オクラ、夏大根、きゅうり、新しょうが、バナナピーマンはすべて細かく刻む。昆布のごく細い千切りを加えてねばねばするまで混ぜ、しそのみじん切り、梅酢、梅肉、白ごまを加えてさらに混ぜる。あじの刺身にねばねばを添える。

さやいんげんの落花生炒め

赤じそゼリー

蒸し鶏の黒ごまだれあえと蒸しなすのマリネ　鶏手羽元をしょうが、玉ねぎ、こしょう、にんにく、水、酒で煮てスープを取る。むしった肉を黒練りごま、豆板醤、酢、しょうゆ、しょうが、ごま油であえる。なすは丸ごと蒸し、皮をむいて酢、塩をまぶしておく。器に蒸し汁ごとなすを盛り、鶏肉をのせる。

トマト卵　菜種油で卵を炒り、鍋の端に寄せてつぶしたにんにく、半割りにした完熟トマトを炒める。きび砂糖、粗塩をふってあえる。

さやいんげんと牛挽き肉の炒め　細かく刻んだ玉ねぎ、にんにく、しょうがを菜種油で炒め、豆豉のみじん切りと牛挽き肉を入れてこんがりするまで炒める。小口切りにしたさやいんげんを加えてさらに炒める。酒、しょうゆで味をととのえ、火を止めて山椒粉、ごま油を加え混ぜる。

キャベツスープ　鶏スープで千切りキャベツをさっと煮る。

ごはん

きゅうりのぬか漬け

6月16日　土砂降り

ひどい時はくるぶしまでつかるくらいの雨。花の稽古で余った花材をもらう。夏ハゼの大枝が白壁に映える。

トースト　バター、マーマレード
ケフィア　梅ジャム
紅茶

・街道ぞいのうどん屋
わかめうどん

にんじんのごまあえ　にんじんはピーラーで薄く削り、ごま油、粗塩、つぶしたにんにくであえる。
トマトに粗塩
四変化鍋
①土鍋にキャベツのざく切り、鶏スープ少々（なければ水でよし）、菜種油、粗塩、酒を入れてふたをして中弱火でキャベツが柔らかくなるまで煮てから、塩麹で味をととのえる。一面に豚肉薄切り（バラまたは肩ロース）を広げてごま油少々をかけ、ごく弱火でほんのりピンクになるまで火を入れる。キャベツを豚でくるんで食べる。これをキャベツがなくなるまで繰り返す。
②生きくらげとエンサイの葉を入れ、肉を同様に煮て食べる。
③トマトを入れ、肉を同様に煮て食べる。あれば食べる時にバジリコや香菜をちぎり入れるともっとよいだろう。

④残った汁に冷やごはん（おこげのところがあればなお結構）を入れ、汁気が足りなければ水を足して混ぜながら汁を飯にほぼ吸い込ませる。最後にごま油を加え混ぜる。①〜④の間、いずれも好みでこしょうを挽いてもよい。

きゅうりのぬか漬け

赤しそのちりめんあえ　しそジュースを作った時のしその搾りがらを刻んでしょうゆで炒り、汁気がなくなったらちりめんじゃこであえる。

フルーツポンチ　食べやすく切った小玉すいか、メロン（クインシー）、デコポンを梅シロップであえて冷やす。

チョコレート

6月19日　台風接近

ナニワノイバラをもう一鉢買い足す。雨の中、植える。

バナナジュース

チョコレート

納豆うどん

チーズのニョッキ　じゃがいもを皮ごと柔らかくゆでて皮をむき、ポテトマッシャーでつぶす。じゃがいもの1/4量の強力粉を混ぜてこね、生地がなめらかになったら打ち粉をしてひも状に伸ばす。1センチ大に切り、一つずつ離しておく。平鍋に牛乳、刻んだチーズ、バターを入れて溶かし、ゆでたニョッキをあえる。熱くした皿に盛り、パルミジャーノをすりおろす。好みでこしょうを挽く。

ピーマンとなすのロースト　丸ごとの緑、赤のピーマンと、縦長に切ったなすにオリーブ油をまぶし、250度のオーブンで15分ほどこんがりと焼く。焼きたてにヴィンコット、つぶしたにんにく、粗塩をまぶす。

トマトのマリネ　湯むきした小ぶりのトマトをシェリービネガーであえておく。食べる時にオリーブ油、粗塩をまぶす。

すいか

チョコレート

6月22日　晴れ

島原へ。初めての長崎。熊本新港から船に揺られること30分。内陸は石積みの棚田が美しい。寝ぼけ眼で見た海に抜ける緑のトンネル道が印象的。夕刻、海辺を散歩がてら夕飯へ。ジャカランダの木に薄紫の花が咲いていた。

玄米パンのトースト　バター、杏ジャム

牛乳

・島原港近くのろくべ屋

ろくべ　さつまいもを粉にし、つなぎに山いもを加え、湯でこねた生地をところてん突きのような道具で押し出して作る〝ろくべ〟は島原の名物料理。直売所で見たさつまいもをおろす道具は、驚くほど巨大だった。甘みの強いしょうゆ色のつゆにかまぼこ、ちくわ、ねぎが浮かんでいる。思っていたほどボソボソでもモチモチでもなかった。素朴。

・金物店が営む喫茶室

練乳金時かき氷　氷が薄すぎてあっという間に溶けてしまった。

かんざらし　小さな冷たい白玉に冷たいみつ（水飴をうすめたもの）を張ってある。

・海岸通の居酒屋

小あじの南蛮漬け

冷や奴

焼きなす

刺身（あじ、いわし、カワハギ）

フライ（キス、あじ）

梅干しのおにぎり

あらかぶ（熊本ではがらがぶ）のみそ汁

ぶどうジュース

6月23日　くもりのち雨

小浜の海辺で朝の風に吹かれながらの朝食。車で普賢岳を越える。頂きに近づくほど緑が厚みを増し、心地よい。のんびりとした船旅で熊本へ。

・海辺のホテルの朝食室

クロワッサン、くるみパン

サラダ、スクランブルエッグ、ソーセージ

メロン、キウイ、オレンジ

ヨーグルト

紅茶

・港からの帰り道の讃岐うどん屋

わかめぶっかけうどん

パイナップル

オクラの蒸し煮　小さなオクラ、赤玉ねぎの薄切り、完熟トマトの半割りの順に鍋に重ね、上からレモン汁、オリーブ油、粗塩をかけて蒸し煮にする。トルコの食堂で小指ほどの小さなオクラで作ったものを食べて以来、オクラ料理の定番。

チーズのピデ　いつものピデの生地を伸ばして5分ほど焼き、カマンベール、コンテ、テストゥン・アル・バローロなど残り物のチーズを刻んだもの、オリーブ油、粗塩をのせ、チーズが溶けるまで焼く。

ピーマンの米詰め　こちらもトルコの旅土産の料理。大きめのピーマンのへたのまわりを切り落とし、中の種を除く。へたのまわりの果肉、トマト、赤玉ねぎ、イタリアンパセリ、ミント、にんにくは細かく刻む。ボウルに入れ、さっと洗った米、レーズン、松の実、オリーブ油、粗塩、粉唐辛子を混ぜてピーマンに詰める。プチトマトを上にのせてぎゅっと押し、倒れないように気をつけながらなるべくきっちりと鍋に入れる。水を半カップほど加え、ふたをして中火にかけ、煮立ったら弱火にして30分蒸し煮にする。食べる時に煮汁とレモン汁を詰め物の部分にかけ、オリーブ油を回しかける。

ジャジュク（きゅうりとヨーグルトのサラダ）　これもトルコのあちこちで食べた料理。店ごとにまったく味の違う料理だったことを思い出す。刻んで塩揉みしたきゅうり、水出しヨーグルト、ミント、つぶしたにんにく、塩を混ぜる。

チョコレート

6月25日　また雨

雨の中、ナニワイバラ、ツクシイバラ、くるみを植える。庭中の雑草を抜いてもらった。

いわしと納豆のつけうどん　いわしの塩焼き（脂がのっていなかった）のほぐし身、みそ、納豆、すりごま、水を煮てミキサーでとろりとさせる。熱い汁にピーマンときゅうりのみじん切り、しその千切り。釜揚げの島原うどんをつけて食べる。

贅沢コロッケ　赤玉ねぎのみじん切りを菜種油で炒め、赤身のすき焼き用の牛肉を加えてさっと炒め、酒、塩、こしょうをする。ゆでたての新じゃがの皮をむき、すりこぎでつぶし、炒めた玉ねぎと牛肉を入れて小判型にする。衣をつけ、菜種油で揚げる。ソース、キャベツの千切りと。

ひじきの煮つけ　菜種油でこんにゃく、にんじんの棒切り、しょうがの甘煮（しょうがシロップの実の部分）を炒め、油揚げの千切りとさっと戻したひじき、いりこだし、酒、赤酒、薄口しょうゆで汁がなくなるまで煮る。

トマト、きゅうり、ピーマン、赤玉ねぎのサラダ　トマト、きゅうり、ピーマンは乱切り、赤玉ねぎは薄切りにして、菜種油、粗塩、酢であえる。

6月26日　晴れ！

椿がはじめて幼稚園の小さな子供たちのためのクラス〝子羊会〟へ行く。木香薔薇を食堂の窓辺に

バラの葉

植える。移植した小みかんは枯れてしまったかもしれない。あんなにたくさん実をつけていたのに、我流の剪定が悪かったのだろうか。

はちみつ食パントースト　バター
ヨーグルト　杏ジャム
すもも
牛乳

・百貨店裏の中華食堂
冷やし中華　トマト、きゅうり、レタス、薄焼き卵、ハム
うなぎの山椒煮　恒例の夏のお届けもの。蒸して熱々に。
炒り卵　酒、きび砂糖、塩を加えてざっと溶き、たっぷりの菜種油でふんわり、とろりと炒る。うなぎの山椒煮には定番のおとも。
野菜の塩もみ梅酢あえ　キャベツ、きゅうり、大根葉を刻んで塩もみし、梅酢、酢であえ、ごまをふる。
こんにゃく、なす、いんげんのにんにくしょうゆ炒め　菜種油で皮ごとつぶしたにんにくと大きな赤唐辛子をちぎったものを炒め、こんにゃくの薄切り、なすの輪切り（さっと水にさらす）、太いんげんの半割りの順に炒める。酒、薄口しょうゆ、

ごま油で味をととのえる。
ごはん
オクラのみそ汁
きゅうりと大根のぬか漬け

6月27日　また大雨
紫陽花が雨でどんどんしなだれてゆく姿が哀れ。昼下がり、久しぶりにケーキを焼く。

玄米パントースト　バター、マーマレード、杏ジャム
すもも
牛乳

粕汁つけうどん　いりこだし、酒粕、塩麹、塩を溶いた汁で油揚げ、ひらたけ、きくらげを煮る。上から炒りごまをふり、青じその千切りをのせる。讃岐うどんを釜揚げにし、つけながら食べる。
昨夜の野菜の塩もみ梅酢あえ
桃、すもも

トマトのスープ　赤玉ねぎを刻んでオリーブ油、粗塩と一緒に蒸し炒めにする。30

分くらいかけて飴のような艶を帯びてきたら、半割りにしたトマト（赤玉ねぎの倍量）の切り口を下にして入れる。トマトの薄皮が自然にはがれるまで煮たら、薄皮をのぞき、ブレンダーでなめらかにする。湯むきしてヴィンコットでマリネしたプチトマトをのせ、オリーブ油と粗塩をかける。

骨付き鶏もも肉と小さなじゃがいものロースト　鶏肉は粗塩、セージ、オレガノの枝をまぶして半日おく。天ぷら用の大きな鉄鍋を熱してオリーブ油を引き、鶏肉を皮目を下にして入れる。まわりに小さなじゃがいもとにんにく（いずれも皮付き）をおいて中火で焼く。じゃがいもを時々転がし、鶏肉の皮がパリッとしたら裏返してさっと焼き、じゃがいもとにんにくの上にハーブ、鶏肉をおいて２００度のオーブンで15分ほど焼く。じゃがいもに火が通ったらハーブをのぞき、こしょうをたっぷりと挽く。

お好み野菜サラダ　トマト、パプリカ、甘唐辛子、赤ピーマン、赤玉ねぎはすべて丸のまま大皿に盛る。好きな野菜を好きなように切って合わせ、オリーブ油、赤ワインビネガー、粗塩であえる。

チーズのピデの残り

チョコレートケーキ

桃

6月29日　くもり時々晴れ時々雨

そろそろ禁断症状。植木屋へ出かける。ヤマホロシ3鉢（もっと買えばよかった）、蝶豆2鉢（蝶よりも美しい蝶のような花が咲く。紫紺色の八重花のものと白花のもの）、クランベリー2鉢、葉の長くて大きなアカシア、チョコレートベリー、チョコレートコスモス、玄関先を覆うツタ植物などを買う。土売り場の脇にある怪しげな古物屋にも意を決して入ってみたら、感じのよい吹きガラスの保存瓶を見つける。暑苦しくて3回もお風呂に入る。この時期は何度でも入りたい。

厚切りバタートースト　杏ジャム、マーマレード
牛乳
すもも

そうめん　麺つゆはいりこだし、しょうゆ、酒を煮立てる。食堂のランプシェードと同じ形のガラス鉢につゆをはり、ごまをたっぷり入れる。そうめんはアルミニウムのうどんすき鍋に氷水を入れて浮かべる。玄関先のしそを適当にちぎりながら食べる。

ひらたけときくらげの炒めもの　ひらたけは小房に分け、きくらげは手でちぎり、ししとうは丸のまま菜種油で炒める。途中で酒を回しかけ、しょうがを漬けたしょうゆで味つけする。

すもも、大きなすもも

ひいかのエスニックサラダ　ひいか（3～4センチ大）は墨と目玉をとり、さっとゆでる。ゴーヤは薄切りにし、水にさらしてからさっとゆで、しぼる。トマトは乱切り、キャベツはざく切り、落花生は粗く砕く。すべて鉢に盛り合わせる。ソースは梅ジャム、しょうがの酢漬けの酢、夏みかんの汁、ナンプラー、青唐辛子のみじん切りを混ぜて作る。サラダにソースをかけてあえ、紫バジリコ、タイのバジリコ、香菜、ペパーミントをちぎってたっぷりのせる。

グリーングリーンカレー　菜種油でグリーンカレーペーストと刻んだ香菜の根っこをじっくり炒める。ココナッツミルクのさらりとした部分を入れ、鶏肉のハラミをやさしい火でさっと煮る。ココナッツミルクのどろりとした部分を入れ、ゴーヤ（薄切りにして水にさらす）、オクラ（乱切り）、白なす（皮をむいて輪切り、水にさらす）、ししとう（乱切り）、枝豆（固めにゆでる）を入れて強火で煮る。パームシュガーとナンプラーで味をととのえる。ごはんを盛り、香菜の葉を摘んだものをたっぷりと添え、各自でカレーをよそう。

香りもち米入りごはん　米1：香りもち米2で炊く。

すいか、固い桃

6月30日　土砂降り、晴れ間、大雨

黴臭い、蒸し暑い、また土砂降り。何もしたくない。パントリーの天井から雨漏りしている。

玄米食パントースト　バター、梅ジャム、杏ジャム
ケフィア　白ワインのシロップ
牛乳

トマトとうふ麺　ころころ変わる天気、けだるく重い体、何も作りたくないが、昼飯前に椿が寝てしまって外食もできない。一人だったら何も食べなくてもいいのに。ぼんやりとした頭で先日衝動買いした中国の屋台料理の本を開く。たくさんの写真と手書きのコメント、まあよくもこんなに食べたものだ、羨ましい限り。何を見ても頭に入ってこないが、中国ではつけ麺はわりと珍しいものであること、四川に甘い水の麺と書いて異様に辛い麺があることだけがぼんやりと記憶に残る。この前は食べきれないでとっておいたとうふを腐らせてしまったので、できれば今日はとうふを使おう。夜はますます料理をしたくなくなるだろうから、昼のうちに食べてしまわなければいけない。とうふを腐らせたのは初めてだった。とうふが腐った水はどろりとして不快で、何度も臭いをかぎ、はしっこを齧った挙げ句にやっぱり食べずに捨てた。食品庫からトマトの水煮を取り出し、頭の中で中国の屋台的な料理を組み立てる。外に干しておいたら長梅雨で傷みかけたにんにくは、皮をむいたら意外にも白く艶々している。赤玉ねぎとしょうがの端切れも刻み、菜種油とごま油でじっくり炒める。ししとうと赤ピーマンも種ごと刻んで加え、残り物のケフタの汁も入れる。スパイスが欲しくて粉山椒を足す。トマトの水煮、しょうがを漬けたしょ

うゆ、塩、豆板醤を入れて煮て、とろりとして香りと味がまとまったらさいの目に切った木綿どうふを入れる。九州の固いとうふはこういう料理にはしっくり来る。が、味を見たら何か物足りない。ピーシェン豆板醤とクミンと山椒を足したらまとまった。悪くない。ゆでるのにやたらに時間がかかる讃岐うどんを25分もかけてゆで、冷たくしようと思っていたが、一本食べたらこのままでも意外といけた。つけ麺にしようと思っていたが麺がゆで上がった瞬間に気が変わり、熱々を鉢に盛り、熱々のとうふの赤い汁をかける。赤ピーマンとししとうときゅうりのみじん切りをかけ、棗の木の下から摘んできた紫バジリコ、小さなバジリコ、ペパーミントをちぎってのせる。無気力から生まれたわりには冴えた味。中国の屋台で出てきても不思議ではないかもしれない。ああ、中国に行きたい。

牛乳
チョコレートケーキ
すいか、メロン、桃

・呉服町の鮨屋
刺身（あじ、まぐろ中トロ、赤身、鯛、しめさば）
シャクとししとうの天ぷら
もずく酢
鮨（あじ、鯛、松前＝さばと昆布の棒寿司、穴子、いか）

梅しそきゅうりの手巻き
なめこの赤出し
ぶどうと抹茶きんとん
アイスクリーム

7月1日　雨時々くもり
朝からいろいろ木を植える。春に植えたツルウメモドキがだいぶ育ってきた。棗の木に黒くて固い長い虫がたくさんいてげんなりする。

みそメロンパン
ケフィア　白ワインのシロップ、梅ジャム
紅茶

ぶっかけそうめん　冷たいそうめんを鉢に盛り、たたきおくら、大根おろし、梅酢に漬かった赤じそ、山椒じゃこ、ごま、ふのり、めんつゆをかける。こういう料理はよく混ぜた方がいいのだろうが、混ざった感じが好きでないのであまり混ぜずに食べる。そういえば、以前韓国の飛行機に乗った時、ビビンバが出てきて混ぜずに食べていたら韓国人のスチュワーデスに注意を受けたことがあった。
大きなすもも

梅ゼリー　グラスに梅ジャム、梅酒の梅の黒砂糖煮、梅シロップのゼリーを重ねる。

トラーパニ風ペーストのコンキリエ　シチリアのアーモンド、プチトマト、小さなバジリコ、にんにく、オリーブ油、粗塩をフードプロセッサーでペーストにする。なすの皮をむいてさいのめに切り、オリーブ油と粗塩をまぶし、250度のオーブンで10分焼く。コンキリエをゆでてペーストであえ、焼いたものをたっぷりとのせる（なすはしっかり焼き色がつくくらい焼いた方がよかった）。

じゃがいも、赤ピーマン、赤玉ねぎのソテーに落とし卵　野菜はすべて薄切りにし、たっぷりのオリーブ油で蒸し炒めにする。とろとろになったら卵の数だけ穴をあけて卵を落とし、半熟にする。

きゅうり、キャベツ、ししとうのサラダ　オリーブ油、夏みかんの汁、シェリービネガー、粗塩であえる。

岩塩アイスクリームのもなか
桃

7月2日　また雨、それも大雨
ふと気がつくと、居間の柱や竹箸、ふだん使っている椅子までかびてきた。熊本での暮らしはかびとの戦いだ。八重くちなしが大輪の花をたくさんつけている。巨大ないも虫を捕獲。

フェンネル

ジャージーヨーグルト

じゃがいものスープ　じゃがいもとにんにくの薄切りをバター、粗塩、水少々と蒸し煮にし、とろとろになったら水を入れて煮立て、牛乳を加えてミキサーにかける。

チーズトースト　食パンにマスタードを塗ってトーストする。色づき始めたら、オレンジ色のやや固いチーズの薄切りをたっぷりとバターをのせ、溶けるまで焼く。

トマトときゅうり　そのまま皿に盛り、オリーブ油、粗塩、シェリービネガーを好みでかける。

枝豆の塩ゆで

ゴーヤチャンプル　菜種油でつぶしたにんにくを炒め、香りが出たら薄切りの豚ばら肉と豚肩ロース肉を加えてこんがりと炒める。四角く切ったしぼりとうふ、薄切りにして水にさらしたゴーヤを加えてさらに炒め、焼酎、粗塩をふって味をととのえる。

つるむらさきの赤じそあえ　つるむらさきは固い軸をとってゆで、さっとさらす。赤じそジュースのしそをしょうゆで炒ったものと、しょうがを漬けたしょうゆ、炒りごまであえる。

そばあわごはん　三分づき米、そばの実、白もちあわを混ぜて炊く。

キャベツのみそ汁　中心の柔らかいところを半割りにしてだしで煮て、みそを溶く。

きゅうりのぬか漬け
奈良漬
すいか
梅ゼリー

7月4日　雨時々くもり時々雨

護光さん40歳の誕生日。宴の前、重い腰を上げてようやくいくり酒を仕込む。いくりと氷砂糖は2：1にしてみる。奄美大島原産のすももである〝いくり〟は、見るとつい買ってしまう果物のひとつだ。その色、形、味、香り、何をとってもすももの中のすももという気がしている。

赤ピーマン、プチトマト、赤玉ねぎのサラダ　いずれも丸のまま300度のオーブンで焼く。小さな赤玉ねぎは30分、赤ピーマンは20分、プチトマトは5分ほど。赤ピーマンは焦げているところを取り、どの野菜も切らずにトルコの酸っぱいざくろのシロップ、オリーブ油、粗塩であえて味をなじませる。食べる前にさらにざくろのシロップ、オリーブ油、粗塩で味をととのえる。

黒落花生のフォカッチャ　水90グラム、ケフィア60グラム、生種33グラム、はちみつ9グラム、強力粉（ミナミノカオリ）220グラム、全粒強力粉110グラム、オリーブ油30グラム、塩6グラムをこねて生地を作る。1次発酵後、オリーブ油を塗ったパイ皿に平たくのし、黒落花生1カップをまんべんなく埋め込む。さらに倍くらいまでふくらんだら、オリーブ油、粗塩をかけ、霧を吹いて220度のオーブンで10分ほど、きつね色になるまで焼く。

じゃがいも、ミント、枝豆のスープ　じゃがいもと玉ねぎは薄切りにし、バター、粗塩を加えてふたをして蒸し煮にする。煮立ってきたら混ぜ、水をひたひたに加える。混ぜながら弱火で1時間ほど蒸し煮にする。途中、様子を見て鍋底が重たくなりすぎたら水を加える。牛乳を加え、ブレンダーで撹拌する。枝豆は粗塩をまぶし、水をひたひたに入れて柔らかめに蒸しゆでにする。さやをのぞき、豆と豆を出す時にさやから出る水分も一緒に（枝豆のおいしさは、豆そのものと、さやを口に入れた時にさやから出る塩と豆の香りが入り混じった水分の両方からくる）サワークリームとともにペーストにして冷やしておく。スープの粗熱が取れたら、供する直前にたっぷりのペパーミントの葉を加え、さらにブレンダーで撹拌して表面にふわふわの泡を立てる。冷ましたスープを皿に盛り、ペーストをのせる。サワークリームを入れると酸味で枝豆の風味が隠されてしまうようだ。

桃と豚のロースト　豚肉肩ロース（300グラム強）の塊に粗塩、桃1個分のすりおろし、はちみつ、セージをまぶして半日おく。肉だけ取り出してオリーブ油を引いたフライパンで全面焼き色をつける。耐熱皿に豚肉、つけ汁、丸のままの桃をおいて250度で10分、150度で10分ほど焼く。金串を肉に刺して熱く感じたら取り出し、しばらくおいて肉汁を落ち着かせる。肉を切り分けてスープ皿に盛り、半割りの桃を皮をむいて添え、焼き汁をかけてこしょうを挽く。

アマランサスと金紅菜のサラダ　どちらもあまりなじみのない野菜だが、最近市場でよく見かける。オリーブ油、シェリービネガー、粗塩の順にあえる。

バースデーチーズケーキ　誕生日のケーキは何がいいか聞くと〝チーズケーキ〟の答え。眺めるだけで終わっていたお菓子の本を久しぶりにめくってみると、純白のクリームで覆われたニューヨーク風の分厚いチーズケーキにそそられる。これにしよう。フードプロセッサーでクラッカー、カソナード、ピエモンテのバターを挽き、細かくなったらまとめてケーキ型の底と縁にならす。クリームチーズ、卵、バニラシュガーを混ぜて焼き、粉砂糖を混ぜたサワークリームをのせてさらに焼いてから冷ます。上にろうそくを4本。父娘で消した。

7月5日　晴れ時々くもり

いくり酒が一晩で桃色に染まり始めた。商店街で曲がりきゅうり、黄色いプチトマト、モンキーバナナを買う。気がつけば椿の好物ばかり。

角食トースト　ピエモンテのバター、粗塩
ケフィア　白ワインのシロップ
牛乳

アイスカフェオレ

パプリカのナムル　パプリカは300度のオーブンで丸ごとこんがり焼き、冷めたら皮と種とへたをのぞく。手で裂き、焼き汁、粗塩、ごま油、にんにく、鹿児島の酢であえて冷やす。

アマランサスの茎のアンチョビあえ　アマランサスは、菜種油と塩少々であえて蒸し煮にする。茎だけを小口切りにし、アンチョビ、えごま油であえる。

アマランサスのオイル蒸し　蒸し煮にしたアマランサスの葉先のふんわりしたところだけを、水分を軽く絞って皿に盛る。

金紅菜の塩麹あえ　金紅菜は菜種油と塩少々であえて蒸し煮にし、塩麹、ごま、えごま油であえる。

なすのひこずり　なすの輪切りをしょうがの甘煮とともに菜種油で炒める。しんなりしたら酒をふり、みそ、黒砂糖を加えてとろりとするまで煮る。

えのきのしょうが炒め　えのきを菜種油で炒め、しょうがを漬けたしょうゆで味つけする（しょうがのしょうゆ漬けは、無農薬のしょうがを皮ごと薄切りにして瓶に入れ、しょうゆをかぶるくらい注いだもの）。

トマトに粗塩

山椒じゃこ

炒り黒豆入りごはん　炒り黒豆、三分づき米を混ぜて炊く。右の野菜料理は汁気の多いパプリカ以外はすべて大きな鉢に盛る。一膳目の熱々のごはんで、おかずをつまみながら。二膳目は上におかずをのせて食べる。中国風。三膳目はさらにおかずとごはんを混ぜる。韓国風。

えのきと卵のスープ　いりこだしとアマランサスと金紅菜の蒸し煮の汁を合わせて煮立て、酒、小口切りにしたえのきを入れて煮る。卵を溶いて流し、塩で味をととのえる。

桃

台なしのチーズケーキ　昨夜のチーズケーキの生地だけ余ったのものを焼いてみた。

7月10日　また晴れ

椿は水着で市場に行くと言い出し、紺と白のしましまの水着を着て同じ柄の帽子をかぶって出かける。そろそろ庭木の水が心配になる。巨大蜘蛛出現の季節到来。

食パントースト　バター、マーマレード

牛乳

・浄行寺近くのラーメン屋

冷やし中華　チャーシュー、きゅうり、トマト、サラダ菜、紅しょうが、黄色い麺、氷、熊本にしては甘みがうすくて酸っぱいたれ。

なすと厚揚げのしょうが煮　なすは半割りにして水にさらし、厚揚げは油抜きして角切りにする。昆布といりこのだし、しょうがの甘煮、しょうゆ、酒を煮立てて味をととのえ、なすと厚揚げをふっくらと炊く。

つる菜とオクラの梅あえ　つる菜と小さなオクラはさっとゆでる。梅干し、梅干しの汁、ごまであえる。

かつおのたたき　かつおは串を打ち、腹身を皮目だけ直火で炙り、食べやすく切って皿に盛る。きゅうりと赤玉ねぎの薄切り、しその千切り、小ねぎの小口切り、山椒葉、新しょうがのみじん切り、かぼすの薄い輪切りを上にたっぷりとのせる。甘夏の汁、しょうゆ、酒、かぼすの汁を混ぜてかける。

ごはん

きゅうりのぬか漬け

トマトに粗塩

岩のりとみょうがのみそ汁

バニラアイスクリーム

桃

7月11日　くもりのち雨、夜中、大雨

昼下がり、近所の怪しげな古物屋に足を踏み入れる。薄暗い店内に使い道のないようなもの、あまり使う気になれないものなど雑多なものがひしめく中、探していた古い吹きガラスの保存瓶がいくつもいくつも見つかるではないか。聞けば信じられないような安い値段なので、気をよくしてあれもこれも買い込む。帰ってせっせと洗い、さっそくいくり酒や梅干し、梅酢を移し替える。乳白色のタイルにゆがんだ吹きガラスの瓶、紅色のグラデーションが重なり、ああ満足。

玄米パントースト　バター、マーマレード、はちみつ
桃
牛乳

・7月の教室　思い出のトルコ料理
ピデ
オクラのチョルバス
ピーマンのドルマ
ジャジュク（きゅうりのミントヨーグルト風味）
アーモンドミルクのデザート

赤ピーマンの梅風味　赤ピーマンのへたと芯を取り、中に梅酢漬けの赤しそ、完熟梅のジャム、プチトマトを詰めて小鍋にぎっしりと立てて詰める。粗塩、菜種油、梅酢、水少々を入れてふたをして30分蒸し煮にする。粗熱が取れてから供する。

ゴーヤときゅうりの山椒塩麹炒め　菜種油でつぶしたにんにくを炒め、薄切りにして水にさらしたゴーヤ、皮をむいてさいの目に切ったきゅうり（教室のジャジュクの残り）、塩麹、山椒葉を炒めて皿に盛る。塩麹を混ぜた卵白が多い溶き卵をたっぷりの菜種油でふんわりと炒り、上にのせる。

トマトとじゃこと香味野菜のサラダ　トマト、じゃこ、昨夜のかつおのたたきの残りの香味野菜、かつおのたたきのたれ、ごま、粗塩を混ぜる。

なす厚揚げうなぎうどん　昨夜の煮物のなすと厚揚げを小さく切り、お茶漬けうなぎも小さく切り、煮物の汁で冷たい島原うどんを食べる。上に刻んだしそ、みょうが、小ねぎ、ごまをたっぷりかける。

桃にアーモンドミルク
すもも

7月12日　大雨のちくもり時々雨
夜中は眠れないほどの雨音が続く。空は静かになったが、白川は怒っていた。チョコレート色の水を漂う流木、濁流を眺める野次馬たち。ヘリコプターが絶え間なく行き交っていた。

はちみつバタートースト
ケフィア　マーマレード
牛乳

市場で買ったサラダ巻き　卵焼き、えびのマヨネーズあえ、レタス、きゅうり、酢飯、のり

すもも、トマト、梅の前菜　すももとトマト（いずれも完熟）はくし形に切る。梅ジャム、粉唐辛子、梅酢、シェリービネガー、オリーブ油を混ぜて酸味と甘味と辛味と塩味のバランスをととのえる。すももとトマトを器に盛り合わせ、ソースをかけ、粗塩をふる。

ブルーベリーとじゃがいものスープ
　ヨーグルト　４００g
　じゃがいも　中４個
　玉ねぎ　中2個
　バター　20g
　オリーブ油　大さじ2
　粗塩　適量
　牛乳　適量
　〈ソース〉
　ブルーベリー　大60～小80粒
　ローズマリー　１枝

ざらめ　小さじ1
　オリーブ油　適量
　粗塩　適量

ざるにキッチンペーパーを重ねたところにヨーグルトを入れ、冷蔵庫で半日以上おいてしっかりと水切りする。

じゃがいもと玉ねぎは、皮をむいて薄切りにして鍋に入れ、バター、オリーブ油、水少々、粗塩を加えてふたをして中火にかける。

煮立ってきたら混ぜながら30分ほどかけて蒸し煮にする。

じゃがいもと玉ねぎがどろどろに煮くずれるまで火を入れたら、乳清（ヨーグルトから出た水分）を加えてひと煮立ちさせる。

ミキサーにかけてなめらかにし、粗熱が取れたら軽く冷やす。

冷たい牛乳を加えながらさらにミキサーで撹拌し、なめらかにする。

鍋にローズマリーとオリーブ油を入れて温め、香りが立ったらブルーベリー（仕上げ用に少し残す）、ざらめ、粗塩を加えてさっと炒める。

器にスープを盛り、水切りヨーグルトをのせてブルーベリーのソースをかけ、ブルーベリーを散らす。

豚の桃焼き
　豚肩ロース塊　400g
　桃　1個（マリネ用）＋2個

桃

桃とローリエのコンフィチュール　小さじ1（マリネ用）＋大さじ1（ソース用）
ローリエ　2枚
粗塩　小さじ1＋仕上げ用
黒こしょう　適量
オリーブ油　大さじ1＋仕上げ用

豚肉は耐熱皿に入れ、粗塩、粗挽きの黒こしょう、マリネ用の桃の実をつぶしたもの、桃とローリエのコンフィチュール、オリーブ油の順にまんべんなくまぶす。ちぎったローリエの葉を全面にはりつけて半日以上冷蔵庫でマリネし、焼く1時間ほど前に室温に戻す。

豚肉のまわりに桃を丸のままおき、250度に温めたオーブンで10分、150度で15分焼く。

中心に金串を刺して下唇に当てて温かくなっていたら火を消し、さらに5分おいてから取り出す。

桃は半割りにして皮をむき、肉は切り分けて皿に盛る。

焼き汁にコンフィチュールを混ぜたもの、粗塩、黒こしょう、オリーブ油をかける。

きゅうりとピーマンのサラダ　きゅうりは麺棒で軽くたたいてつぶし、ピーマンの乱切り、イタリアンパセリの粗みじん切り、自家製の唐辛子ペースト（干した赤ピーマン、青唐辛子、韓国の粗挽き唐辛子、粗塩を挽いたもの）、オリーブ油、シェリービネガー、粗塩であえる。

細川亜衣 最新刊

野菜

写真:在本彌生

2016年12月発売予定

細川亜衣が日々の暮らしのなかで到達した
最愛の野菜料理の数々。
まいにちの食卓にすぐ活用できるレシピ、料理のコツ、
美しい写真とエッセイを収録した贅沢な一冊。

細川亜衣の本［既刊］

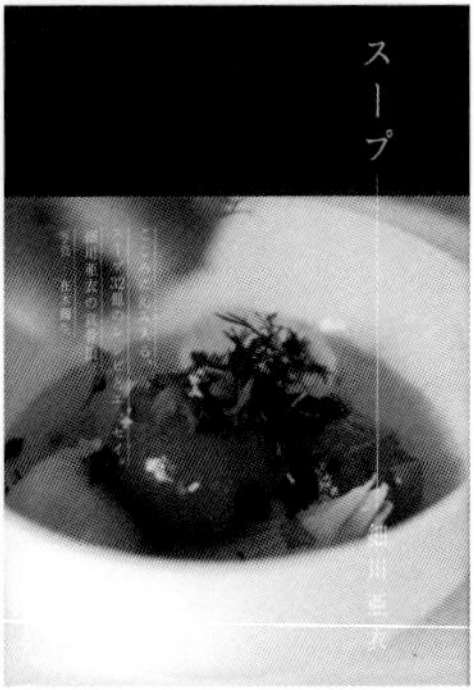

スープ

写真：在本彌生

懐が深く、自由で、いとも繊細な料理——スープ。
32皿の至福を、レシピとエッセイで。

デザイン：田中義久
［B5タテ変形/180ページ/並製］
定価：本体2300円＋税
*本書に3種類のジャケット（帯）がございます。本文は同内容です。

全国書店にて大好評発売中！

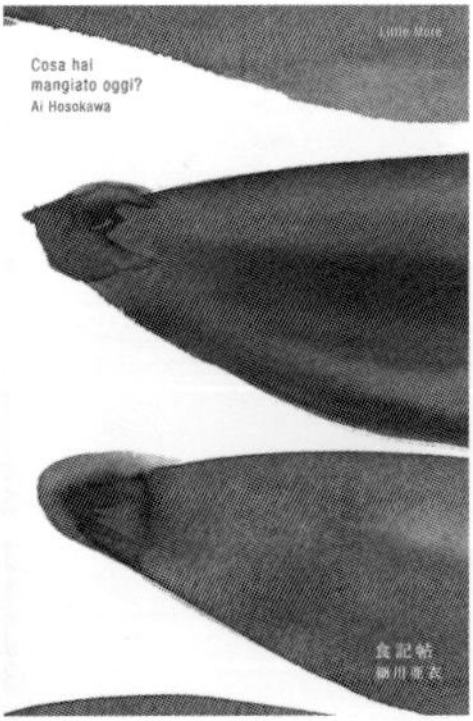

食記帖

絵：山本祐布子

東京から熊本へ嫁いだ料理家が、
ふと書きはじめた食べもの日記。
様々な食材が鮮やかに調理されてゆく様を、
おなかを鳴らしながら読み、
惜しげもなく披露されるレシピの数々を、
真似て作ってみる——

デザイン：木村裕治・後藤洋介（木村デザイン事務所）
［四六判/360ページ/並製］ 定価：本体1600円＋税

発行：リトルモア　www.littlemore.co.jp　TEL：03-3401-1042

シフォンケーキにキャラメルクリーム
シフォンケーキのもこもこした頭の部分
ウエルカム（レモンの香りのパウンドケーキ）

7月16日　夕方にまたひと降り
夜ははじめてお招きするお客様。彼女の雰囲気に合わせて、少し中近東風の料理を作ってみる。

シフォンケーキの頭
バナナジュース
飲むヨーグルト

そうめん　夏野菜のねばねばと。
きゅうりとしそ　柚子みそで。
山椒じゃこ
すもも

なすの蒸し煮・ミントヨーグルトソース　固くしまった太めのなすを縦割りにし、塩水につけて1時間ほどあく抜きする。皮をゼブラ模様にむき、鍋底全体にオリーブ油を引いてじっくり蒸し焼きにする。裏返しながら焼き、両面が火傷した感じになったら粗塩をふり、冷ましておく。ミントのみじん切り、にんにくのすりおろし、塩を混ぜた水切りヨーグルトをのせ、まわりにトルコのざくろシロップをかける。

豚のパプリカ煮　豚肩ロース肉の厚切りにはクミンとパプリカをまぶしておく。このパプリカ、年末にカタルーニャの料理人がパエージャを作った時の置き土産で、赤いダリアが描かれた美しい缶に〝甘酸っぱい唐辛子〟と書いてある。甘酸っぱい唐辛子？　この国はどれだけ唐辛子に繊細なのだろうか。なかなか開かない缶をようやくこじ開けると、甘酸っぱいと言うよりむしろ芳しい薫製の香りに恍惚となる。玉ねぎとにんにくを刻んでオリーブ油でじっくり炒め、甘く芳しい香りが漂いはじめたら豚肉を入れてこんがりと焼く。白ワイン、粉唐辛子、シナモン、ローリエ、梅ジャム、トマト水煮を加え、ふたをして1時間以上煮込む。豚が柔らかくなったら、小さな赤玉ねぎ（３００度のオーブンで頭から焼き汁がほとばしるまで焼いておく）を入れて煮る。玉ねぎに煮汁がなじんだら焼きパプリカ（丸ごと３００度のオーブンで黒く焼き、皮と種を除く）の実と汁を加え、温めるくらいに煮る。

米粒麦のトマトピラフ　米粒麦をトマト、にんにく、玉ねぎのすりおろし、塩、オリーブ油と一緒に米を炊く要領で炊いたら、最初の強火の数分で焦げ始めた。野菜のすりおろし＝１００パーセント水分ではないから、水が必要だった。水を足して炊く。少し焦げたが悪くない。

地きゅうりとブルーベリーのサラダ　皮と種をのぞいた地きゅうりを薄切りにし、ブルーベリー、刻んだイタリアンパセリとペパーミント、小ねぎの小口切り、レモン汁、オリーブ油、粗塩であえる。
マンゴーとバナナのキャラメルアイスクリーム　マンゴー、バナナ、キャラメルソースをピュレにして冷凍する。固くなったら牛乳を加えてフードプロセッサーでねっとりするまで撹拌する。

7月19日　晴れ
雨が降るかと思ったがお昼前、さっと降っただけだった。蝶豆が今日も青い花を咲かせていた。白花の方はぐんぐん伸びるが、花は一向に咲かない。

バナナジュース
すもも
わたしはすもも（未熟なすももに赤しそを巻いて砂糖漬けにしたもの）
冷たいうどん　愛しの桐生うどんをゆでて冷水で洗い、たっぷりの氷を入れたアルミニウムのうどんすき鍋に盛る。つゆは昆布といりこのだし、しょうゆ、酒を煮立てて冷やしておく。食べる時にめいめいの茶碗にうどんを取り、しそをちぎって入れる。
なすのしょうが炒め　菜種油で水にさらしたなすの輪切りを炒め、油が回ったらしょうがの甘煮、酒、粗塩を加えて透き通るまで炒める。ごまをふる。好みで各自うどんに入れる。こくとほんのりとした甘みが加わる。

きゅうりのぬか漬け

ぶどう

じゃがいものニョッキ・トマトソース　じゃがいも：粉＝４：１。柔らかいじゃがいもだったので打ち粉は多め、切り方も普段より大きめにした。つるんつるんのおいしいニョッキ。生地がべたついていたわりには絶妙な仕上がり。ソースはオリーブ油を鍋底一杯に引き、つぶしたにんにくを炒め、トマト水煮と粗塩を入れて煮詰める。バジリコ、湯むきしたプチトマトを入れてさっと煮る。熱々のニョッキに熱々のソースをかける。

アスパラガスのフリッタータ　フライパンの底全体にかかるようにオリーブ油を入れる。中火で玉ねぎの粗みじん切りをふたをせずに炒める。途中で粗塩をふり、水分が飛んだ音がしてきたら、アスパラガスの軸の小口切りを入れてふたをする。混ぜながら蒸し炒めにし、柔らかくなったら穂先を入れる。卵をペパーミントのみじん切り、塩と一緒にざっと溶き、強火にしたフライパンに入れて大きく混ぜる。すぐに弱火にしてふたをして蒸し焼きにする。表面が半熟になったら火を止める。

夏のサラダ　トマト、きゅうり、ピーマンは乱切り、赤玉ねぎの薄切り、蛇いちご畑のルーコラをレモン汁、オリーブ油、粗塩であえる。

キャラメルサレのアイスクリーム

7月20日　晴れのちくもり

久しぶりに植木屋へ。レモンユーカリの香しさに誘惑される。そして、裏の方に打ち捨てられていた繊細な枝振りの小さな木。聞けば〝アンデスの乙女〟という可憐な名前を持つという。何となく寂しげだった玄関の左脇に植えることにする。あとはイタリアンパセリ、薔薇の虫除けにチャイブ、石垣に植えるヘンリーヅタ、小さな青い花を2種買い込む。夜は子供たちがたくさんいるので久しぶりにお好み焼きを。が、少年たちはあまり箸が進まず、食後の果物ばかり奪うように食べていた。

バタートースト　杏ジャム
バナナジュース
牛乳

サラダそうめん　鉢に盛った冷たいそうめんにトマト、大根おろし、オクラのたたき、ふのり、梅干し、ごま、しそ、みょうがをのせ、めんつゆと梅酢をかける。
すもも
小あじの唐揚げ　小あじは粉をつけてカリカリに揚げる。ヌクチャム（梅ジャム、唐辛子、にんにく、酢、ナンプラーを混ぜる）をつけて食べる。
とうふサラダ　麺棒で叩いてぶつ切りにしたきゅうり、木綿どうふ、ちりめん山椒じゃこを鉢に盛り、ごま油、酢、粗塩、ごまをかける。

神戸風お好み焼き　神戸の友に教えてもらって以来、お好み焼きはこれ一辺倒。いつも粉と水の配合に迷うが、今日は薄力粉：水＝１：１に落ち着く。粉かつお少々を混ぜることも忘れずに。いずれにしてもさらりとした感じに仕上げることが大切。ホットプレートにたっぷりの菜種油を引き、生地を薄く丸く流す。具はキャベツ、青ねぎ、にら、豚ばら肉、いかのげそを用意し、キャベツと豚ばら肉、にらといかのげそなど、好みの組み合わせでのせる。生地をほんの少しだけ回しかけ、底がこんがり焼けたら裏返す。ソースをかけて食べる。神戸人はあまり使わないというマヨネーズをうちでは好みでかけてもよいことにしている。

マンゴー、すいか

7月21日　くもり時々雨

玄関の脇に植えておいた小さな薔薇〝雪明かり〟が咲いた。うれしい。小さな山野草も元気に咲いている。どちらも小さな花火のよう。夜はまた花火をする。子供たちは毎日でも花火をしたがる。

トラーパニ風にんにくのパスタ　完熟トマト大4個、赤にんにく4かけ、湯むきしたアーモンドひとつかみ、バジリコの葉数枝分、粗塩、オリーブ油をフードプロセッサーにかけてなめらかにする。パスタはこのペーストには黄金の組み合わせの〝ブジアーティ〟を作る。作り方は以下の通り。セモリナ粉３００グラムを山にし、中央にくぼみを作って、粉の約半量の水を少しずつ注ぎながら内側から混ぜる。ひと

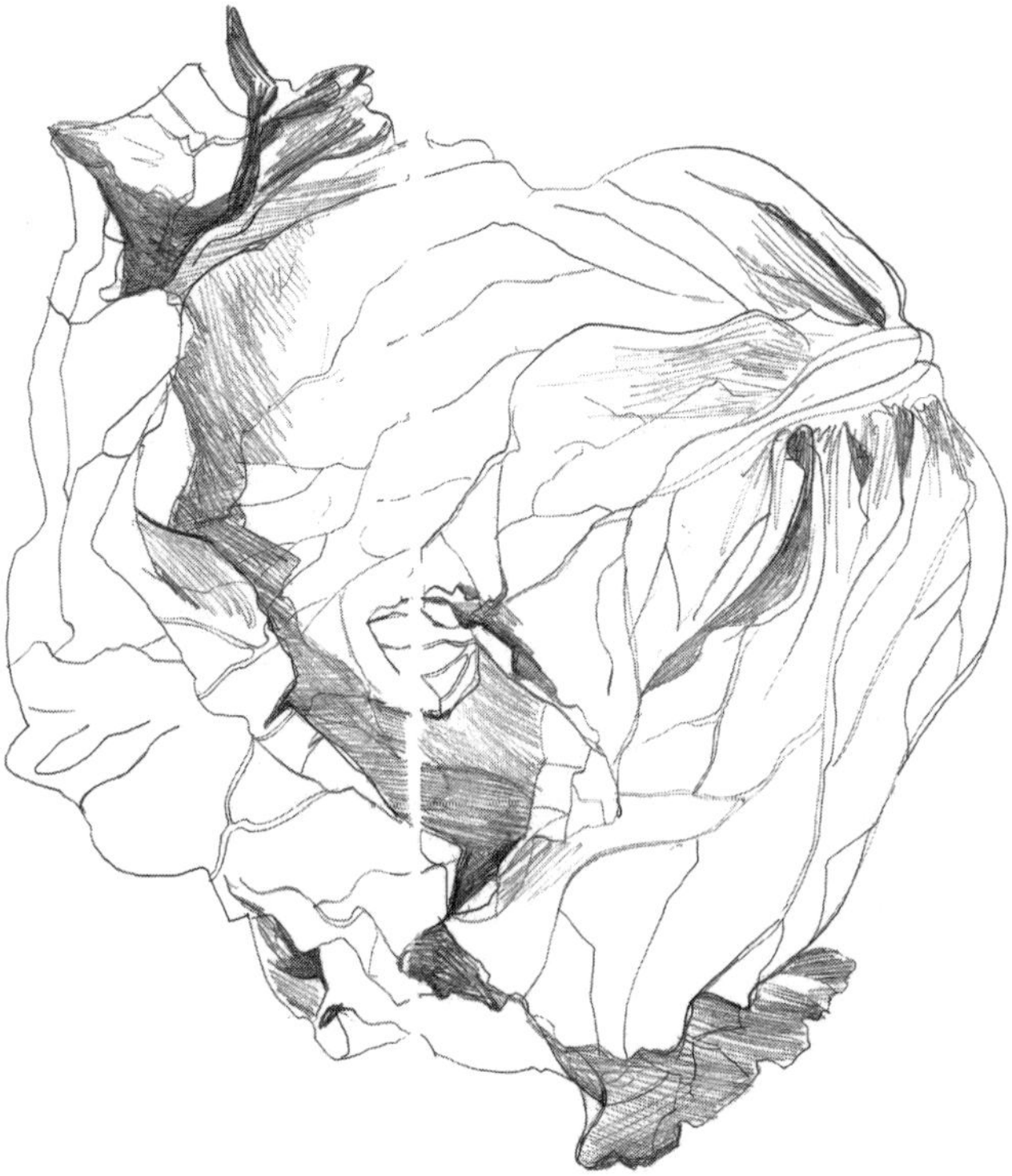

キャベツ

まとまりになったら、表面がなめらかになるまでこね、ボウルをかぶせて30分ほどおく。生地を少し取り（残りはボウルをかぶせて乾かないようにする）、左手で生地の左側を軽く押さえ、右手で生地の右側を強く転がすようにして一部をひも状にのばす。約5ミリ太さになったら、指先で約10センチ長さに切る。くっつかないように、乾いた布の上に並べておく。以下の作業は、必要に応じて打ち粉をする。串（編み物の棒、竹串、金串など）の左端にひも状にした生地の端を絡ませ、木の台に棒が斜めになるように置く。串にほぼ隙間をあげずに巻きつけたら、手のひらで軽く転がして形をととのえ、串をそっと抜く。乾いた布や板の上にくっつかないように並べる。出来上がったブジアーティをほんの少し柔らかいかなと思うくらいにゆで、湯をしっかりと切ってペーストであえる。これはいつ食べても脳天に響く料理だ。イタリアで覚えた中で間違いなく3本の指に入るパスタ。

とうもろこしのフォカッチャ　とうもろこしの季節の定番。フォカッチャ生地にたっぷりの生のとうもろこしを埋め込んで焼く。

なす、かぼちゃ、赤玉ねぎのロースト　なすは縦割りにしてから大きめに切る。かぼちゃは厚切りに、小さな赤玉ねぎは半割りにしてたっぷりのオリーブ油と粗塩をまぶす。ただの焼き野菜と侮るなかれ、オリーブ油の量と焼く容器が肝心。ここで登場するのがパリから連れ帰ってきた焦げだらけの歪んだアルミのバットだ。もう10年も前だろうか、ヴァンヴの蚤の市で見つけ、狡猾そうなパリ男と交渉するも、ベコベコのこのバットをいかにも価値があるもののように言い放ち、ちっともまけてくれなかった。悩んだ末、日本の台所道具にはない絶妙な大きさとその風合いに惹かれて男の言い値で自分のものにした。以来、大きなフォカッチャを焼く時や、クレタの宿で覚えたなすときのこのローストを作る時には欠かせない道具となっている。野菜を焼く時は、種類にもよるが、たいてい250度のオーブンで20分ほど焼いてしっかり焼き目をつけてから220度に下げて芯まで火が入り一つ食べてみて甘みと香りが匂い立つくらいまで焼く。

地きゅうりとミントのサラダ　地きゅうりの皮と種をのぞいて薄切りにし、ミント、レモン汁、オリーブ油、粗塩であえる。

7月22日　晴れ

昨日、街のギャラリーで会ったガラス作家を朝食に招く。午後、石垣に這わせるヘンリーヅタと寄せ植え用の小さな植物を見つけにまた植木屋へ。カラミンサ、アメリカンブルー、青いコンボルプルス、斑入りの小さな薔薇、白っぽい小さな植物、細葉のアカシア、サッコウフジ。サッコウフジ（醋甲藤）は調べたみたらムラサキナツフジともいうそうだ。台湾から中国の南の方が原産で、藤とは別種らしい。台湾サッコウフジと薩摩サッコウフジがあり、うちのは花の色からして台湾サッコウフジのよう。花も葉もふつうの藤よりは尖っている。畑用にオクラ、きゅうり、なす、ミニトマトの苗も買う。今夜も花火。

かぼちゃの冷たいスープ　大きなかぼちゃは半分に切って種を取り、アルミホイルで包む。オーブンで柔らかくなるまで焼き、一晩冷やしておく。皮をのぞき、冷たい牛乳、塩も加えてミキサーにかけてなめらかにする。器に盛り、ナツメグをすりおろし、ケフィアをのせる。

ブルーベリーホットケーキ　卵、グラニュー糖、牛乳、薄力粉、ベーキングパウダー、ベーキングソーダ、溶かしバターを混ぜてホットケーキの生地を作る。焼けたらバター、メイプルシロップ、ブルーベリーを鍋で熱々にして上からかける。

ケフィア　しょうがシロップ

ミントティー　紅茶とペパーミントをポットに入れ、熱湯を注いで蒸らす。

手巻きずし　酢飯は昆布と酒を加えて炊いたごはんに酢と塩だけを混ぜたさっぱりとしたもの。具はやりいか、あじ、納豆、たたきオクラ、きゅうり、しそ、みょうが、ねぎ、なすのみそ炒め、きゅうりの皮のナムル、梅干し、プチトマト。のりで巻いて食べる。近頃は刺身よりもナムルを巻くのが気に入っている。

けんちん汁　こんにゃくとにんじんを菜種油で炒め、だし、酒、塩で煮る。柔らかくなったらかぼちゃ、だしに使った昆布の千切り、南関揚げのさいの目切りを入れて煮る。

すもも

あんこクリーム大福

7月24日　晴れ

蝉の声にもだんだん疲れてきた。

やけに固いすもも
クッキー
ケフィアミルク

・上熊本駅近くのそば屋
手打ちそば
おかずいろいろ（きゅうりの漬け物、なすの煮物、ポテトサラダ、トマトのゼリー、ごまどうふ）
さくらんぼう、ブルーベリー

肥後むらさきのリングイネ　皮をむいて水にさらした肥後むらさきを厚めの輪切りにする。平鍋にオリーブ油とつぶしたにんにくを入れて弱火にかけ、香りが立ったらなすを入れ、粗塩をふって蒸し炒めにする。とろりとしたら冷ましておく。ここがこの料理の要。リングイネをゆで、冷ましたソースに小さなバジリコの葉を加えてよくあえる。なすのソースは冷ますことで香りが増す。

とうもろこしのフリッタータ　鍋にオリーブ油と唐辛子を入れて中火にかけ、刻んだトマトと粗塩を加えてとろりとするまで煮る。とうもろこしは粒をつぶさないように親指の脇腹を使ってはずす。鉄のフライパンを温めてオリーブ油を入れ、とうもろこしをさっと炒めて粗塩をふる。溶いた卵を加えて強火で大きく混ぜたら火を弱める。半熟になったらフライパンの片側に寄せ、熱したトマトソースをあいたところに入れる。

かぼちゃのアグロドルチェ　かぼちゃは種とわたをのぞき、皮ごと5ミリ弱の厚さに切る。フライパンの底にかかるくらいオリーブ油を注ぎ、かぼちゃを入れて中火にかける。こんがりとしたら裏返し、両面色づいて串がすっと通るくらいになったら皿に並べる。残りの油につぶしたにんにくを入れて弱火にかけ、香りがしてきたらワインビネガーを注ぎ、塩も加えて煮立てる。熱いうちにかぼちゃにかけ、冷めるまでおいて味をなじませる。供する前にミントの葉をちぎってのせる。

温め直しのピデ

7月25日　晴れ

蛇いちごをあちこちに移植。どこに移してもけなげに生きている。いつしか一番好きな植物になった。

クッキー
バナナジュース

きゅうりとケフィアの冷たいスープ　にんにく、皮と種をのぞいた地きゅうり、塩、ケフィア、氷をミキサーでなめらかにする。

サンドウィッチ　サンドウィッチ用の角食パンではさむ。トーストもそうだが、食パンは角食に限る。①ゆで卵（熱湯で8分）をくずし、マヨネーズ（全卵、菜種油、マスタード、塩、酢）、塩であえる。②マヨネーズ、きゅうり、トマト、粗塩

メロン

冷や奴　木綿どうふにきゅうりの塩もみ、みょうが、かぼすをのせ、しょうゆをかける。

すき焼き　肉を焼く前にまずエンサイ（＝空心菜）を蒸し炒めにする。南部鉄の中華鍋につぶしたにんにくと菜種油を入れて香りを立たせ、エンサイの葉を加えて粗塩、酒をふり、ふたをしてさっと蒸し炒めにする。青々としたところをすぐに食べる。次はいよいよ肉。いただきものの鹿児島の牛霜降り肉（くるくると巻いて箱に入っていた。少しかと思ったら広げてみたらたっぷりでたまげた）を牛脂で焼き、粗塩で食べる。しばらくは肉だけをひたすら食べる。途中、酒をかけて焼くと脂が和らぐ。また、時々気分をかえて塩のかわりにしょうゆをたらす。じわじわと出てきた脂でこんにゃくの細切りと新玉ねぎの厚い輪切りを炒め、酒としょうゆを注ぎ、上に牛肉を広げる。護光さんはしょうゆ味一辺倒だが、私はすきやきに限っては甘

辛いのも嫌いではない。京都のすきやき屋で見たように、時々肉の上にきび砂糖をふってみる。木綿どうふも加え、溶き卵で食べる。すき焼きにふさわしい、立派な肉をたらふく食べた。もうしばらく牛肉は食べなくてよい。

大根おろし　しょうゆ、かぼす
きゅりのぬか漬け
麦ごはん
メロン、いちじく

7月27日　晴れ

こちらに暮らすようになって今日が一番暑い気がする。冷房をかけてもかけてもきかない。夕飯の後、椿がピンクだよ！　と叫ぶ。窓の外を見ると一面がうっすらピンク色に染まっている。けだるい一日のご褒美のような空の景色。

ケフィアミルク
バタートースト　桃ジャム

・7月の料理教室
トラーパニ風にんにくのパスタ
かぼちゃのアグロドルチェ

ビビンバ

①ゴーヤのナムル　ゴーヤは薄切りにして水にさらし、柔らかく塩ゆでにしてしぼる。えごま油、粗塩、にんにくであえる。

②大根葉のナムル　大根葉を小口切りにし、菜種油、粗塩、にんにくであえて蒸し炒めにする。

③にんじんのナムル　にんじんは千切りにし、しょうがの甘煮のみじん切り、塩、菜種油、酒をまぶして蒸し炒めにする。

④かぼちゃのナムル　千切りのかぼちゃを菜種油でこんがり炒め、塩、こしょうする。

⑤エンサイの茎のナムル　エンサイの茎は小口切りにし、菜種油とにんにくで炒め、塩をする。

⑥きくらげのナムル　生きくらげは千切りにしてさっとゆで、粉唐辛子、ごま油、しょうゆであえる。

⑦なすの皮のナムル　干したなすの皮は、水で戻す。菜種油とにんにくで炒め、酒、しょうゆ、酢で炒る。

⑧牛肉の塩麹漬け炒め　すき焼き肉の残りを塩麹でまぶしておいたものを、すき焼き鍋の残りの脂で炒める。

以上の具をごはん（白米、米粒麦、そば米を混ぜて炊く）にのせ、混ぜて食べる。

途中、辛味が欲しくなるがコチュジャンがなかったのでピーシェン豆板醤を足す。

とうふの納豆汁　昆布といりこのだしで1丁を4等分にした木綿どうふをじっくりと温める。納豆を加えてしばらく煮てから、米みそと麦みそを溶く。

ポテトサラダ　じゃがいもを皮ごとゆでて熱いうちに粗くつぶし、塩と酢をまぶしておく。冷めたらきゅうりの塩もみと赤玉ねぎのごく薄切りをさらして混ぜ、マヨネーズであえる。

しょうがのアイスクリーム
メロン、みかん

7月28日　晴れ
朝から阿蘇神社のおんだ祭りへ。とはいえ、椿はお祭りはそっちのけで境内の御神水で水遊びに興じる。神社の近くの売店で山野草を買う。阿蘇の野山に6月に咲く小さな薄紫の花（花忍＝ハナシノブ。野生では世界で阿蘇だけに生息しているそう）、岩桜、縞蔓穂＝シマツルボ（宿根草《しゅっこんそう》の一種、その風情とは裏腹にアフリカ生まれの植物らしい）。

バナナジュース

・阿蘇のだご汁食堂
だご汁　地粉で作った黄色くいびつな形のだご。具はにんじん、ごぼう、油揚げ、

豆の花

もやし、ねぎ、上に薄焼き卵とかまぼこがのっている。汁はみそ味。もやしとみその香りのせいか、ススキノのみそラーメンを思い出す。

高菜飯　油で炒めた高菜漬けを混ぜたごはん。上に錦糸卵、紅しょうが。

たけのこの煮しめ

とろろいもにのり

大根おろしにかつおぶし

しその実漬け

ジャージー牛の飲むヨーグルト

赤しそジュース

サラダ二皿　あまりにおいしかったのと、一皿では満足できなかったのでもう一皿。

①大きなトマト、小さなトマト、小さな黄色いトマト、きゅうりはそれぞれに食べやすい大きさに切り、蛇いちご畑のルーコラとともに盛り合わせる。クレタ島のビネガー、オリーブ油、粗塩であえる。

②大きなトマト、小さなトマト、きゅうりをオリーブ油、粗塩、シェリービネガーであえる。一皿目とさして変わらないが、小さな違いが大きな満足（時に不満足）につながる。

よく冷えた晩柑

7月29日　晴れ

梅干しを干す。玄関先でビニールプールをふくらませて椿と水遊びに興じる。ふくらんだビニールの感触が水を通すと意外にも心地よい。昨日買ってきた苗を植えてみる。夕刻、散歩に出る。

牛乳
ケフィア　しょうがシロップ

チーズバタートースト　厚切り食パンに霧を吹き、もち焼きの網にのせる。オーブンを250度に熱したところに入れ、まずは何ものせずに焼く。うっすら色づいてきたら裏返し、さらにうっすら色づくまで焼く。バターとボーフォールの薄切りをのせ、チーズがとろけてきたら温めた皿に取り、粗塩をふる。

牛乳
巨峰、みかん

じゃがいも、かぼちゃ、からすみの春巻き　春巻きの皮は小さなサイズを用意する。普通のサイズで巻くと皮の存在感が強すぎて具のおいしさが伝わらない。千切りにしたじゃがいもとかぼちゃを、それぞれからすみの薄切りと一緒に巻く。オリーブ油で揚げ、粗塩と粗く挽いたこしょうをふる。千切りの野菜はほくほくになり、からすみがほんのりよいアクセントになる。

なす卵　卵は沸騰した湯で6分ゆでてから殻をむき、しょうが、酒、しょうゆに半日ほどつけておく。赤なすは、皮をむいて厚切りにし、水にさらす。水を切り、菜種油をまぶして250度のオーブンでこんがりと焼く。粉山椒、粗塩、酢をまぶす。なすを鉢に盛り、卵を半割りにしてのせ、つけ汁もかけ、揚げた松の実をふる。

野菜の梅酢あえ　きゅうり、大根、キャベツを刻んで塩もみし、よくしぼってから今日できたばかりの梅酢であえて冷やしておく。ルビーのような輝きの梅酢ができあがった。

お茶漬けうなぎ

ゴーヤのみそ柚子胡椒あえ　ゴーヤは薄切りにしてさらし、ゆでる。みそ、柚子胡椒であえる。

かぼちゃのすり流し　かぼちゃは皮と種をのぞいて薄切りにする。鍋に入れ、昆布、酒、水、粗塩を加えてくずれるまで煮る。昆布を外してブレンダーで撹拌し、表面にふわふわの泡を立てる。洋風のスープよりは濃度を薄くする方がよいようだ。この方法でにんじん、カリフラワー、いも類など試してみたい。とてもいい調理法。

きゅうりのぬか漬け

ごはん

すもも

バナナアイスクリーム

8月1日　晴れ

台風が来そうで来なかった。ポーチュラカは夕方になると花火のように花開く。台所の窓辺の昼顔がいつのまにか伸びていた。夜は明日の撮影の人たちと食事。椿も楽しそうでよかった。

牛乳
トースト　バター、はちみつ

・いつものそば屋
三色盛り
野菜の天ぷら

くるみのフォカッチャ　強力粉200グラムを山にして中央をくぼませ、ドライイースト3グラム、はちみつ4グラム、塩4グラム、水（夏は冷水）60グラム、ケフィア（乳清含む）60グラムを穴に入れて合わせる。しっとりしてきたらオリーブ油大さじ2を加えてさらにこねる。表面がなめらかになったら2倍の大きさまで発酵させる（今日は暑いので涼しい場所で）。ガス抜きして油を塗ったパイ皿にのせて手でのし、さらに倍の高さまで発酵させる。表面にくるみをたっぷりのせて押し込み、オリーブ油をかけ、粗塩をふる。霧を吹き、220度のオーブンで15分ほど、こんがりするまで焼く。

8月2日　また晴れ

かぼちゃのニョッキ・黄色いプチトマトソース　蒸したかぼちゃ：強力粉＝4：1でニョッキを作る（しかし、今日のかぼちゃでは少し柔らかすぎた）。黄色いプチトマトは湯むきする。オリーブ油でにんにくを炒め、プチトマトとバジリコの枝を入れてさっと炒める。とろりとし始めたら熱々のニョッキにかける。

赤牛、なす、玉ねぎのオレガノ焼き　ハーブ畑のオレガノが伸び放題なので、今日はオレガノ焼きにする。赤牛の腕肉の塊はオレガノの枝をたっぷりとまぶしておく。分厚い鉄の天ぷら鍋にオリーブ油を引き、半割りの玉ねぎ、水にさらしたなすの乱切りをのせ、オリーブ油と粗塩をかけて250度のオーブンで玉ねぎがほぼ柔らかくなるまで焼く。野菜を取り出し、オレガノをはずした腕肉をこんがりと焼く。肉のまわりに野菜を戻し入れ、外しておいたオレガノを再びのせ、220度のオーブンで10分、さらに140度に下げて肉の芯が温かくなるまで焼く。

いろいろな瓜のサラダ　皮と種をのぞき、塩もみをした地きゅうり、白瓜、うりにレモン汁と青唐辛子をつけたビネガーをまぶしてよく冷やしておく。脂っこい肉料理なので、油は入れずに。

サリーナ島の白ワイン　印象的なおいしさ。

ガトーヤウート（ヨーグルトケーキ）　さくらんぼうのビネガーマリネと。

牛乳

あじさいがだいぶしなだれてきた。水をやってもやってもうなだれたまま。

タイムのはちみつのマドレーヌ
そばのはちみつのカカオマドレーヌ
ケフィアミルク

・ワインに合う和食の撮影　料理に無理はしたくないと思う。でもふだん考えないことを考えてみると、いつもそれなりの発見がある。

じゃがいもとからすみの春巻き
きのこと豚肉の土鍋蒸し
小松菜のアンチョビナムル
パプリカとプチトマトの梅酢マリネ
たこと梨の柚子胡椒あえ
なすのくるみ風味
牛すじ肉と干しいちじくの煮込み
かぼちゃのすり流し

・繁華街の居酒屋

お通し（そうめんかぼちゃの三杯酢、肥後むらさきの揚げ出し、かつおの甘辛煮）
ごまあじ
たこの刺身　はすいもの薄切りをつまに。
はもの落とし梅肉だれ
のどぐろの煮つけ　水田ごぼうとれんこんも煮汁で炊いてある。
天ぷら　水田ごぼう、ばってんなす、万願寺とうがらし
赤オクラ入りサラダ　りんごのドレッシング
ごはん
野菜のみそ汁　かぼちゃ、ごぼう、れんこん、大根はすべて薄切り。しゃっきりした食感は新鮮。
ごはん
高菜の古漬け、昆布の山椒煮

晩柑、梨
アイスカフェオレ

8月6日　晴れ
大分、宇佐へ郷土料理を習いに行く。乾いた空気の中、畑のこんもりとした青じその茂みが清涼剤となる。熊本への帰り道、湯布岳の緑の森に吸い込まれた。

ブルーベリーベーグル　バター
ケフィアミルク

・大分県宇佐地方の郷土料理

いわしのぬか床炊き　小ぶりのいわしをしょうが、しょうゆ、酒、砂糖、水でじっくりと煮て、柔らかくなったら108年もののぬか床をひとつかみ加えてさらに汁気がほぼなくなるまで煮る。ぬか漬けのためではなく、このぬか床炊きのために日々ぬか床をかき混ぜているとおっしゃる。ぬかみそではなく、ぬか床。大切な物なので床の間においていたところから、ぬか床と呼ぶという話が心に残った。

みとりおこわ　この辺りだけで作られているみとり豆は、黒い小豆のような豆。実ができるとどんどんはじけて飛んでしまったり、虫がつきやすかったりと栽培が大変なので他の地域には流出しないそう。お盆のために庭などで育て、その豆で炊くのがこのみとりおこわで、豆の汁を入れて炊くとほんのり紫色になることから、紫飯とも呼ばれる。昔の人たちは炊き上がったおこわに手で砂糖水をまぶし、つやを出していたとのこと。癖がある豆、とのお話だったがまったく癖は感じない。

呉汁　鱧の骨でだしを取り、ひたした大豆と鱧のすり身をミンチにしてだしでひと煮立ちさせる。大豆の生っぽい臭いがなくなるくらいに煮ること。鱧の風味がきいていて美味。知らなければ鱧が入っているとは気づかないかもしれない。呉汁はのどに詰まって飲みにくいイメージだったがこれはいい。この辺りでは鱧は一年中あるので、大衆魚だそうだ。

なすのあちゃら漬け　唐辛子入りの甘酢（かなり甘い！）に水でさらしたなすの棒切りを絞って、みょうがの千切りとあえたもの。〝あちゃら〟の語源は〝アチャール〟というインドなどで食べられている酢漬けではないかとのこと。

ＪＩＲＩ焼き　小麦粉、米粉、卵、水、塩で作った生地を卵焼き器でクレープのように焼き、具を細巻き寿司のように巻くもの。米粉を加えたのは現代版のアレンジらしいが、米粉の威力か生地がもっちりしてよい食感。かつては黒砂糖を巻いて（生地の熱で砂糖がとろーりと溶ける）おやつに、みそを巻いてこびる（小昼＝農作業の合間の軽食）に、というのが一般的。今日は鶏の唐揚げもどき（味つけをしてオーブンで焼いた鶏手羽元。宇佐は唐揚げ発祥の地とも言われる）と畑で大量に茂っていた青じそ、柚子みそ、柚子ジャム（宇佐は柚子の名産地）、黒砂糖の４種類を作った。本流からは外れるが、もっと具をたっぷりにしてもおいしそう。じり焼きはこの辺りの郷土料理だが、ＪＩＲＩがアルファベットなのは、この料理が海外にも知れ渡ってほしいという思いからだそうだ。日本の郷土料理を世界に、というのは意外にも意外。

お接待菓子　ピンクと緑の刻印がされた素朴なビスケット。

なすとくるみのコンキリエ　なすは皮をむいて輪切りにし、水にさらしておく。水を切り、つぶしたにんにく、オリーブ油、粗塩とともに鍋に入れて蒸し焼きにする。色はつけないように、なすが淡い翡翠色になり透き通ったら火を止める。ゆでたコンキリエ、小さなバジリコとあえたら器に盛り、炒ったくるみを刻んでたっぷり散らす。なすを熱々であえてしまったが、冷ました方がずっとおいしかった。残念。

トマト、イタリアンパセリ、ルーコラのサラダ　大分の市場で買ったトマトを半分に切り、蛇いちご畑のルーコラとハーブ畑のイタリアンパセリを真ん中にこんもり。きゅうりを入れようかと思っていたけれどやめた。やめてよかった。こういうものこそ最高の料理だと思う。オリーブ油、花びらのような粗塩、久しぶりに出してきたプーリアのワインビネガーで。

白ぶどう、いちじく

8月7日　晴れ
夜は大分のおみやげ料理を作ってみる。これが三県目の手習いだったが、今回の料理もいろいろと活躍しそうだ。昨夜の夕立のせいか、柿の実がたくさん落ちてしまった。

コーンフレーク
いちじく、白ぶどう

なめこうどん　桐生うどんをゆでて冷水でしめ、鉢に盛る。湯がいたなめこ、きゅうりの粗みじん切り、大根おろし、かぼす、しそとみょうがの千切りをのせる。昆布だし、酒、しょうゆ、塩を煮立てて冷やしておいたつゆをかける。

きゅうりのぬか漬け

いちじく、白ぶどう

マレーシアの中華街風夏のじり焼き　ＪＩＲＩ焼きを習った時に、クアラルンプールの中華街で食べた具たくさんの春餅巻きみたいなものを思い出した。中身は炒めて甜麺醬で味つけした豚肉、にんじん、しいたけ、セロリなどだっただろうか。大学時代の旅だから記憶がおぼろげだが、あの味と新聞紙に包まれて「はい」と渡された気さくさ、その衝撃的なおいしさは今でもはっきりと覚えている。

〈生地〉地粉80グラム、米粉80グラム、卵小1/2個、塩、水２４０グラムを混ぜておく。クレープパンを熱して、習ったよりは強めの火（クレープを焼く要領で）で焼いた。より生っぽさが抜けて、綺麗に色づいた。

〈具〉以下8種類用意した。焼きたての生地にくるりと巻いて。あちゃら漬けも少し入れると酸味が加わってよりおいしい。豚ばら肉の柚子みそ炒め：豚ばら肉の千切りを豚肉自身の油で炒め、大分の市場で買った柚子みそ（みそ、柚子、砂糖、のり、かつおぶしなどでできている）で味つけする。きくらげの炒め物2種：千切りのきくらげをごま油で炒め、塩またはしょうゆで味つけする。錦糸卵：生地の残り

いちじく

卵と卵もう1個、酒、塩を混ぜて焼く。その他:きゅうり、トマト、青しそ、ペパーミント。ふとひらめいて加えてみたペパーミントが効いた。欠かせない。

あちゃら3種（そうめんかぼちゃ、なすとみょうが、うり） あちゃら酢は酢1カップ、きび砂糖大さじ2、塩小さじ1、唐辛子1本の輪切りを軽く煮溶かして作る。そうめんかぼちゃは輪切りにして種を取り、水から入れて沸騰したら10分ほどゆでる。冷水に取ってそうめん状にし、水気をしぼってあちゃら酢に漬ける。なすは棒切り、みょうがは千切り。うりは皮と種を抜いて薄切りにしてそれぞれ漬ける。

うりのすり流し 皮と種をのぞいたうりの薄切り、昆布、酒、水、塩を煮る。昆布をのぞき、ブレンダーでなめらかにする。粗熱を取ってからもう一度攪拌してふわふわにし、お椀に盛ってかぼすを少ししぼる。

小玉すいか、梨、白ぶどう

8月12日 晴れ

不穏な一日。

蒸し食パン バターとエルヴァのはちみつ

ケフィアミルク

種無しぶどう、黄桃

史上最悪のとんかつ　とんかつは分厚いのが好きだ。そんなわけで、肉屋に頼んで特別に厚く切ってもらった。きつね色をしたカリカリの衣に包まれ、切った時に淡い淡いピンク色になったとんかつをイメージして揚げ始める。ぬるい油でゆっくり、ゆっくり。が、気がつけば衣がすっかりはがれて見るも無惨。泣く泣く（悔しさと怒りで半ば狂乱して）皿に盛ったら、油でギトギトのポークソテーみたいになった。

つるむらさきとオクラの赤じそあえ　どちらもゆでて、小口に切る。梅干しの赤じそ、梅の漬け汁であえ、黒ごまをふる。前もってあえておいたら変なあくが出て、色も汚くなっておいしくなかった。

かぼちゃの煮物の残り

とうふのみそ汁　絹ごしどうふを大きな四角に切り（一人一個）、いりこだしでじっくりと温めてからみそを溶く。椀に盛り、しょうがとみょうがのみじん切りを散らす。

ごはん

きゅうりのぬか漬け

晩柑、緑のぶどう

8月16日　晴れ

夜になって恵みの雨。本当に恵み。

バナナジュース

・街のうどん屋
ぶっかけうどん

晩柑

みとり豆のピデ　強力粉３００グラム、みとり豆のゆで汁（漉して水分のみ）90グラム、ケフィア90グラム、きび砂糖９グラム、塩６グラム、ドライイースト６グラムをこね、オリーブ油30グラムも加えてさらにこねて発酵させる。紙を敷いた天板に伸ばし、ゆでたみとり豆を散らし、オリーブ油、粗塩をふる。２５０度で10分ほど焼く。豆のゆで汁が生地に混ざると生地が重たくなるかと思ったら香ばしくなってこれはおいしい。上にのせたみとり豆もよい感じで、小さな子供たちはかたや豆ばかり、かたや生地ばかり食べていた。乾燥豆料理の新たな道が切り開かれた！

からすみ卵　卵をざっと溶き、ペパーミントとイタリアンパセリのみじん切りを混ぜ、ごく薄く塩をする。鉄の中華鍋にオリーブ油をたっぷりと入れ、つぶしたにんにくを弱火で炒める。ほんのり色づいたら取り出し、油をしっかり熱して卵を半熟に炒める。皿に盛り、からすみのすりおろしをたっぷりかける。とろとろの卵とからすみは好相性。

3種のきゅうりのケッパーサラダ　地きゅうりは皮と種を除き、スーヨーきゅうりと庭のきゅうりはそのままぶつ切りにする。塩漬けケッパーのみじん切り、オリーブ油、かぼすの汁であえる。

焼き野菜のクスクス

〈焼き野菜〉かぼちゃ、赤玉ねぎ、丸なす、プチトマト、パプリカ、オクラ、肉厚で小さなピーマン。野菜は大ぶりに切って（小さなものは丸のまま）オリーブ油、粗塩をまぶす。２５０度のオーブンで20分くらい、２２０度に下げて10分くらい、ほどよい加減に焼く。

〈ソース〉アーモンド、ねぎ、玉ねぎ、にんにく、イタリアンパセリ、大きくてあまり辛くない唐辛子をフードプロセッサーにかける。どろりとしたらオリーブ油を入れた鍋でじっくり煮つめる。フードプロセッサーに残った分は、水を注いできれいにし、鍋に加えて一緒に煮る。味に深みが出たら、トマト水煮、シナモンスティック、一味唐辛子、スペインの燻製パプリカ、粗塩、トマトの缶を洗った水を加える。とろりとして、旨味がしっかりと出るまで煮ておく。

〈クスクス〉全粒クスクスは熱湯で戻し、粗く刻んだ干しいちじくとドライトマト、オリーブ油、燻製パプリカ、粗塩を加えてふんわりと混ぜる。クスクスとソースをめいめいの皿に盛り、焼き野菜を大皿に盛る。野菜を各自取り分けて食べる。定番にしたいクスクスの名作。

黄桃とアーモンドのシェイク　冷たいアーモンドミルク、黄桃をミキサーにかける。

8月19日　晴れ

北西の丘を目指す。この辺りは何となく肌が合う。道を走っているとどこか明るい気持ちになる。ありがとう。

・バナナジュース

・丘の上のだご汁屋
豆乳だご汁
大根、にんじん、きゅうりぬか漬け
カスピ海ヨーグルト　ブルーベリージャム

コニャックと唐辛子入りトマトソースのスパゲッティ　イタリアの小さな村の人々の暮らしを描く番組で見た、南の島の路地裏で立ち飲み屋を営む男が作るトマトソースをふと思い出した。真っ赤なプチトマトをオリーブ油で炒め、隠し味にコニャックと白ワインを入れるという。トマトソースに酒とは意外な気もした。が、私の記憶からこびりついて離れないトマトソース・イン・イタリア、ペストゥムの農家で食べたトマトの水煮と地の赤ワインをどぼどぼと鍋に入れてぐつぐつと煮た、あの赤ワイン入りトマトソースを忘れることはできない。そんなことを考えながら今日は台所に立つ。コニャックと白ワイン、両方を入れる必要はない気がして、コニャックだけを入れてみることにした。トマトソースに種ごと刻んだ赤唐辛子とバジリコの枝を加えて熱し、コニャックを二振り。昨日のトマトだけのソースよりもどこかすっきりしてきれのあるトマトソースになった。ソースはスパゲッティとあえずに、彼がやっていたように熱々のスパゲッティに熱々のソースをかけた。鍋の中で混ぜるのと、皿の上で混ぜながら食べるのとはまったく別の料理になる。

鶏肉とピーマンのビネガー煮　鶏もも骨つき肉、手羽元、手羽先に粗塩、こしょう、にんにく、ローリエ、オレガノ、セージのみじん切り、オリーブ油をまぶす。皮目から焦がさないように焼き、全体が色づいたら小さな赤と黄のパプリカ（平べったくて実が厚い）、実の厚い緑のピーマン、クレタ島のワインビネガーと水を入れる。40分ほど、時々返しながら煮る。骨から肉がすんなり外れるくらいになったら火を止める。

なすのきのこ風　細身のなす、白なす、ずんぐりとした実の固いなすの3種類を使ってみた。実の柔らかい細身のなすが一番合う。なすは皮とへたを取り、大きいものは半割りにしてから大ぶりに切る。鍋にオリーブ油、つぶしたにんにく、なすを並べて粗塩をふり、ふたをして蒸し煮にする。片面に火が通ったら裏返してさらに蒸し煮にする。火から下ろし、ほんのり熱が残るくらいになったらイタリアンパセリの荒みじん切りを混ぜる。イタリアではこの調理法できのこをとろりと煮込むことが多い。なので〝きのこ風〟。どこかきのこを思わせる食感や香りになるから不思議。

かぼちゃパイ、りんごパイ

8月20日　晴れ時々雨
ようやく白い夕顔が咲いた。磁器でできたような、薄いけれどどこかぽってりとした肌。薔薇のフェンスを壁に取り付けてもらった。

淡い色の細長いぶどう
ケフィアミルク

辛いトマト麺　トマトソース、豆板醤、黒七味、酢、ごま油を煮立て、冷水でしめた中華麺にかける。トマト、きゅうり、ピーマンの粗みじん切りをのせ、黒ごまをふる。こんなに気軽でこんなにおいしい。上海で入ったウイグル系の食堂で供されていたトマトソースの麺がふと蘇る。日本の中華料理屋でも定番になればよいのにと思う。

梨（幸水）、いちじく

きゅうりに南蛮みそ　小ぶりのきゅうり、庭のきゅうりは冷水で冷やしておく。切らずに大鉢に盛り、熟成した米みそ、刻んだピーマン、しそを混ぜた南蛮みそをつけて食べる。
さばとしいたけの炭火焼　鬼おろし、刻んだ小ねぎ、柚子こしょう、かぼす、しょうゆで。

夕顔

れんこんときくらげのあちゃら漬け　れんこんは皮をむき、酢水にさらしてさっとゆでる。同じ湯で戻して刻んだきくらげをゆでる。みょうがは千切り。熱いうちにあちゃら酢であえて冷やし、ごまをふる。
なすの皮のナムル　干したなすの皮を水でもどし、さらにあく抜きをする。菜種油で炒め、酒、塩をふり、柔らかくなるまで水少々で煮る。しょうゆ少々、ごま油少々、ごま、赤唐辛子を加えてあえる。
たたきオクラとみょうがのみそ汁　細かく刻んだオクラとみょうがを椀に盛り、熱々のみそ汁を注ぐ。
きゅうりの古漬け
じゃがいもごはん　米、もち米、昆布、酒、塩、水、さいの目に切ったじゃがいもを炊く。じゃがいもが煮くずれるのを恐れて沸騰してから入れたが、芯が残ってしまった。じゃがいもだけよりも何かもう一つ加えるか、油で炒めるなどした方がよりおいしそう。
いくり酒
ぶどう

8月30日　晴れのちくもり
軽井沢の家二日目。浅間山のふもとの父の畑へ。今年もたくさん収穫できた。巨大なピーマン、実の厚い細長いピーマン、ししとう、モロッコいんげん、さやいんげん、花つきのズッキーニ、しそ、バジリコ、サラダ菜。さあ、こんなにどうやって食べようか。椿は今朝からおっぱいを飲まずにがんばっている。やりきれず私にすがりついて泣きじゃくる姿に心が痛むが、ばあばに抱かれ、説得されて暫くするとごはんを食べると言い出し、スパゲッティも野菜も信じられないほどたくさん食べた。ピーマンやズッキーニやモロッコいんげんやトマトが椿の口に入るたびに、私は驚喜した。午後、部屋から朴の木を眺める。葉裏の葉脈が何かを語りかけているようだ。こうして見ると、熊本の木と軽井沢の木は違う。軽井沢の森は地面から天までずっと柔らかな緑で包まれている気がする。

地元の粉で焼いた食パン　バター、7月に作ったブルーベリージャム
ヨーグルト　アボカドのはちみつ
固い桃、緑のぶどう
紅茶、牛乳

畑のスパゲッティ　昼前に収穫した野菜で子供たちの大好きなスパゲッティを作ってみる。太りすぎのモロッコいんげんは固くなったさやを外し、豆だけをスパゲッティと一緒にゆでる。ピーマン、さやいんげん、ズッキーニは粗く刻み、つぶしたにんにく、オリーブ油、粗塩とともに蒸し炒めにする。柔らかくなったらズッキーニの花を刻んで加えてさっと火を通し、ざるに上げた豆入りのスパゲッティとあえ、刻んだバジリコとしそを混ぜる。オリーブ油の質は今ひとつだったが、それすらも野菜の香りがかき消す。

完熟トマトと畑のサラダ菜のサラダ　オリーブ油、ワインビネガー、粗塩であえる。サラダボウルに残った赤い汁がおいしくて、ごくごく飲んだ。

トマトに粗塩

モロッコいんげんの豆ごはん　太りすぎた豆を取り出し、米、水、塩、昆布（スープのだしを取った後のもの）と炊く。

モロッコいんげんのごま塩あえ　ごはんの残りのさやだけのものもあわせて塩ゆでする。食べやすく切って器に盛り、すりごま、粗塩をかける。

ズッキーニ、ピーマン、玉ねぎのみそしそ炒め　野菜は大ぶりに切り、菜種油で炒める。ほんのり色づいたら、みそ、きび砂糖、みりんを入れて全体に溶かし、ちぎったしそをたっぷり加えてあえる。

ピーマンとししとうの忘れ煮　ピーマンとししとうを鍋に入れ、ごま油、塩をまぶして蒸し煮にする。途中なかなか柔らかくならないので水も少し加え、1時間ほどかけてじっくり煮た。塩味がうすかったので仕上げにほんのりしょうゆをたらし、もうしばらく煮てから火を止める。ししとうは、見た目にはそうでもなかったがとっくに食べ頃を過ぎていたようで、煮ても煮ても柔らかくならない。一方のピーマンは、ピーマンとは思えないくらい肉厚で、噛んだ時にジューと汁が出る。

トマトのスープ　鍋に昆布と水を入れてひたしておき、皮をむいて刻んだトマト、塩を入れて煮立てる。トマトがくずれて甘みが出てくるまで煮る。あくは取らない。

量が少なかったので（一人にまるまる1個は必要だ）後からすりおろしたトマトを加えたが、最初からすべてすりおろした方が果肉の塊が残りにくく、皮も自然に取り除かれるのでよい。椀に盛り、黒こしょうを挽く。

葛とあんこのお菓子
桃、緑のぶどう
誕生日パーティーのおみやげのケーキ　満腹でほとんど喉を通らなかった。

8月31日　くもり、遠くは青空

午後、取り残した野菜を収穫に畑へ。畑のまわりには薄紅色のコスモスがそよぎ、夏の終わりの夕空に映えている。ないと思っていたじゃがいももたくさん掘れた。丸いズッキーニも少し。夕暮れ時、畑の先生の畑へ。クッキングトマト、赤オクラ、モロヘイヤ、にんじん、サラダ玉ねぎ、えごま、名古屋コーチンの卵……たくさんいただいた。美しい畑から生まれる野菜は綺麗だ。使い切れないほどの野菜を抱えて帰る。全部料理して食べられないことが、悔しい。

パン・ド・ミ　バター、はちみつ
桃、緑のぶどう
ヨーグルト　ブルーベリージャム
牛乳、紅茶

畑の野菜カレーと冷や麦　玉ねぎ、にんにくのみじん切りを菜種油でじっくりと炒める。粗塩、皮をむいて刻んだ完熟桃、カレー粉、ローリエ、唐辛子を加えてさらに炒める。トマト、モロッコいんげん、ピーマンの乱切りを加えてさっと炒め、水を注いでとろりとするまで煮る。冷や麦にかけて食べる。

サラダ菜、トマト、ひじき、わかめのサラダ　ごま油、しょうゆ、酢、黒ごまであえる。

ズッキーニとパルミジャーノのサラダ　小さな丸ズッキーニと男性の人差し指ほどのズッキーニを薄切りにして皿に盛る。ピーラーで削ったパルミジャーノ、オリーブ油、粗塩、こしょうをかける。

だご風カプレーゼパスタ　強力粉に半量の水を加えてこね、ねかせたものを細長くのばす。小さく切り、両手の親指と人差し指で両側から引っ張って一口大の平たいパスタを作る。熊本のだごに形が似ているので〝だご風パスタ〟と呼んでいるが、たしかイタリアでは〝ストラッシナーティ〟と呼ぶはずだ。収穫したばかりのクッキングトマトは角切りにし、たっぷりのバジリコの枝、オリーブ油、粗塩を加えてとろりとするまで煮る。ゆでたパスタの水気を切って皿に盛り、熱々のトマトソースをかけ、小さく刻んだモッツァレラチーズをたっぷりのせる。混ぜながらチーズを溶かして食べる。みなが狂喜する。

鶏肉とピーマンのバルサミコ煮　鶏もも肉、手羽先、手羽元はオリーブ油でじっくりと焼く。こんがりしたら粗塩をふり、こしょうを挽き、出てきた余分な脂はのぞく。ピーマンはあまりに巨大なので先に丸ごとオリーブ油、塩で蒸し焼きにしておく。しんなりとしたピーマンの上に鶏肉をのせ、半割りの玉ねぎ、バジリコ、バルサミコ、水を加えて汁がとろりとするまで弱火で1時間ほど煮る。ワインビネガーで作るよりもこくが出て、鶏肉のくせも和らぐ。食いしん坊の甥たちに絶賛された。うれしい。

桃

9月7日　晴れ

帰熊。久しぶりに懐かしい人に会うような気持ちで庭に出る。萩の花がいつの間にかたくさん咲いている。9月のまだ強い陽の下、あちこちに伸び放題の草を抜き、秋明菊、紫式部、アンデスの乙女を植える。台所のオリーブの大鉢にはかぼちゃ、かぼす、さつまいも、にんにく、りんご、からすうりを盛る。秋は台所にもやってきている。結局私はこの土地と、他愛もなく流れてゆくここでの暮しを愛していることに気づく。

バタートースト　あんなに好きだった朝のパンが重たく、おいしく感じられない。

ピオーネ

牛乳

菜園のきゅうりにみそ

トマトとラディッシュのサラダ　乱切りのトマトと包丁の腹でつぶしたラディッシュを酢、粗塩であえる。

もずく酢　もずくにあちゃら酢をかける。

さんまの塩焼き　大根おろし、かぼす

菜園のなすとオクラのみそ汁　2週間のうちに菜園にオクラとなすがなっていた。なすにもオクラにもあっという間に火が通る。

むかごごはん　初むかごを収穫。むかご採りほど気持ちが弾むものはない。米に採れただけ、数個のむかごを入れて炊く。あえて味つけはしなかった。

小松菜の塩麹蒸し　ざく切りにした小松菜に塩麹、菜種油をまぶして蒸し煮にする。

きゅうりのぬか漬け

9月12日　晴れ

今朝の椿は、とてつもなく不機嫌で手がつけられない。が、その後機嫌を取り直したら、びっくりするほど朝ごはんを食べた。うれしかった。あちこちから藪蘭を移植。

コーンフレーク　牛乳

ケフィア　はちみつ

ぶどう

いろいろぶっかけそうめん　冷たいそうめんを鉢に盛り、わかめ、たたきオクラ、干しアミ、梅干しをのせる。大きな煮干しと昆布のだし、しょうゆ、酒を煮立てて冷やしたつゆをかける。

昨夜のかぼちゃの煮物

サラダ菜、トマト、きゅうり、アボカドのサラダ　オリーブ油、玉ねぎのみじん切り、酢、粗塩であえる。

牛すじ、なす、しいたけのカレー　牛すじは湯通しして流水できれいになるまで洗う。玉ねぎ、しょうが、にんにくをみじん切りにし、オリーブ油できつね色になるまで炒める。牛すじを入れてじっくり炒め、粗塩、こしょう、一味唐辛子を加え、トマト水煮、水を入れて煮る。肉が柔らかくなったらしいたけとカレールーを加え、溶けたらなすを入れてさっと煮る。

ごはん

ぶどう入り紅色のゼリー　水300グラムを煮立てて火を止め、ふやかしてからしぼった板ゼラチン5枚を入れて溶かす。ボウルに梅ジュースと赤じそジュースを各100グラム入れたところに溶かしたゼラチンを漉し、氷水にあてて冷やす。ゼリー型に皮をむいたピオーネをたっぷりと入れ、ゼリー液を流して冷やし固める。熱湯に型をさっとつけ、皿に返して抜く。

9月13日　晴れ

京都から建築士のお二人がみえる。改装後の家の写真撮影の後、一緒に夕食。テラスのガラス鉢に萩の花を飾る。

ケフィアミルク
ピオーネ、プルーン
・市役所そばのうどん屋
梅ぶっかけうどん　梅干し、かつおぶし、わかめ、温泉卵、ねぎ、天かす、めんつゆ

赤ちゃんルーコラのサラダ　ハーブ畑の小さなルーコラを摘み、オリーブ油、粗塩、シェリービネガーであえる。

むかごとくるみのピデ　むかごだけで作ろうと思ったらまだほとんど出来ていなかったので、くるみものせることにした。強力粉220グラム、ケフィア40グラム、はちみつ6グラム、塩4グラム、生種22グラム、水60グラム、オリーブ油20グラムをこねる。1次発酵のみでむかごとくるみをのせ、霧を吹き、250度のオーブン

で色づくまで焼く。いつもより温度を上げてみたが、この方がよいようだ。

栗のスープパスタ

〈スープ〉ゆで栗の果肉200グラム（中くらいの栗が約12～15個）を鍋に入れ、バターと塩を入れて蒸し炒めにする。バターがなじんだら水をひたひたに入れて煮立て、あくをひく。水2カップ、牛乳1カップを入れてブレンダーでなめらかにする。早生栗で甘みが薄かったのできび砂糖を少し足した。

〈パスタ〉強力粉200グラムと水100グラムをこねてひも状に伸ばし、小さく切る。両手の親指と人差し指で両側から引いて伸ばし、平たい楕円状のパスタにする。

〈仕上げ〉ゆでたてのパスタを器に盛り、熱々のスープに泡を立てて注ぎ、砕いた栗、オリーブ油をかける。淡いグレーベージュが美しい、すばらしいスープ。スープに泡を立てると料理の格がぐんと上がる。

豚としいたけのロースト　豚ロース肉の塊500グラムに粗塩、こしょうをまぶしておく。しいたけ50グラム、セージ、ローズマリーのみじん切りをまぶし、オリーブ油をかける。金属製の焼き皿に大きめのしいたけ一人3個とばらしたにんにくをおき、オリーブ油、粗塩をまぶす。しいたけの上に肉をのせ、250度のオーブンで15分、150度で30分焼く。しいたけは最初から一緒に焼いたら小さくしぼんで固くなってしまった。

ぶどうのゼリー　昨日作ったもの。湯につけて型から出す時に汁気が溶けるが、それがよいソースとなるので気にしない。ごちそうの後にぴったりのデザート。濃い緑のガラスの平茶碗に深い紅紫色が映える。

9月16日　大雨、雨、くもり

菊いもが伸びすぎてしなだれてきた。ここまで伸びると厄介な気がしてくる。自分で植えたくせに勝手なものだ。彼岸花が頭を伸ばしてきた。久しぶりに植木屋へ。白い萩、金虎の尾《キントラノオ》、スリランカの白い花（セイロンライティア）など連れて帰る。

バターミルクパンケーキ　バター、メープルシロップ
梨（二十世紀）
アイスカッフェラッテ　ジャージーミルクとエスプレッソ

春巻き　菜種油で新しょうがのみじん切り、豚薄切り肉、生きくらげ、しいたけの千切り、もやし、韓国春雨（熱湯で4分ほどゆでて洗う）を炒め、塩、しょうゆ、スープ少々、水溶き片栗粉を加えて煮て冷ましておく。春巻きの皮（小）で巻き、菜種油で揚げる。
冬瓜、トマト、塩麹のスープ　冬瓜は皮と種をのぞいて小さな角切りにする。菜種油で皮ごとつぶしたにんにくを炒め、香りが立ったら冬瓜を入れる。冬瓜が透き通ったら乱切りにしたトマトを加えて炒め、塩麹、鶏ガラスープ（水から湯引きして洗っ

た鶏ガラ、にんにく、しょうがの皮、白こしょうを1時間ほど煮て、最後に酒を加える）を加えて冬瓜がごく柔らかくなるまで煮る。

揚げなす、揚げミニパプリカの辛味だれ　香菜は根っこ、茎、葉に分けておく。なすとミニパプリカを乱切りにして高温の油でさっと揚げる。油を切って鉢に盛り、辛味だれ（ねぎ、しょうが、香菜の根っこのみじん切り、ピーシェン豆板醤、酢、黒酢、酒、しょうゆ、ごま油、ごま、きび砂糖ひとつまみ）をかけ、香菜の茎と葉をたっぷり散らす。

なすのニョクマムマリネ　一昨日のなすのニョクマムマリネにかぼすを加え、ごまをふる。味がなじみ、色も美しくなり、ずっとおいしくなっていた。

9月19日　晴れ

教室のガラス瓶にホウセンカを生ける。生けようと思ったことのなかった花も、葉をのぞき、茎が露わに見えるようにガラス瓶に生けてみると悪くない。秋明菊が少しずつ咲いてきた。夜、白川沿いを自転車で散歩。あの川も、今夜はこんなに静かだ。

大きなゆで栗
梨（二十世紀）
牛乳

・9月の料理教室
エスニック風じり焼き
冬瓜とトマトのスープ
なすのナンプラーマリネ
栗とココナッツミルクのぜんざい

・町の小さなタルト屋
かぼちゃとシナモンのタルト
ジンジャーエール

赤ピーマンといかのパエージャ　赤ピーマン6個、玉ねぎ2個を刻んで鉄のフライパンに入れ、たっぷりのオリーブ油でじっくり炒める。途中、塩をする。油が分離し始めるまでしっかり火を通す。トマト4個を刻んで加え、とろりとしたらいかのげそを刻んで入れ、シェリーを回しかける。シェリーを料理に使うとなんとも豊かな気持ちになる。強火でアルコールを飛ばし、熱い鶏スープ2カップ、サフランひとつまみをスープで戻したもの、燻製パプリカ小さじ1を加える。強火で煮立てたら米1カップを洗わずに入れ、よく混ぜてから強火で5分、弱火で20分ほど煮る。煮えたら上にいかの胴を三角に切って一面にのせ、香菜のみじん切りを散らす。レモンがなかったのでかぼすを添えてみたら、意外と合う。フライパンの位置を煮な

秋明菊

がら時々動かすのも煮えムラを防ぐコツかもしれない。

緑のサラダ　ちぎったサラダ菜、きゅうりの乱切り、刻んだ香菜、オリーブ油、シェリービネガーであえる。

さつまいものオレンジ煮のカカオタルト

9月23日　晴れ
椿、佳代子さんと美術館へ。狩野派と細川家の展示と常設展を見る。公園の茶室で9月の花会。枯れた猫じゃらしが美しい。あけぼの草という白い花がたくさんの草花と一緒に羊か山羊の皮袋に生けられていた。茶室にて東方美人をいただく。

・仁王さん通りのうどん屋
ひやひやうどん
天ぷら（ごぼう、なす、もち）
・県立美術館のカフェ
氷ココア　ココア味の氷に牛乳。
蒸しなすの花椒ごまだれ　阿蘇で買った賀茂なすのような丸くて大きななすを半割りにして10分ほど蒸す。粗熱がとれたら皮をむき、くし切りにして皿に花びらのように盛り、酢、ごまをふる。白練りごま、塩、酢、しょうゆ少々、ごま油、花椒粉を混ぜてねっとりとしたたれを作る。花びらの中央にごまだれを盛る。各自なすを取り、ごまだれをのせて食べる。

まこもだけと小メロンの炒め物　まこもだけと小メロンは皮をむいて千切りにする。菜種油でつぶしたにんにくを炒め、よい香りがしてきたらまこもだけと小メロンを入れる。酒、塩、鶏スープでさっと炒め煮にし、火を止めて香りのよいごま油をたらす。生で食べるばかりだった小メロンは、火を通すとやさしいメロン色になり、柔らかな味でおいしい。椿もたくさん食べた。

黒すっぱ鶏　鶏手羽先、手羽元各4本を菜種油できつね色に焼く。小さな赤玉ねぎ8個と皮ごと厚切りにしたしょうがを隙間に入れ、黒酢、しょうゆ、酒各1/4カップ、水1カップを注ぐ。雲南の塊の黒砂糖をくだいてところどころにのせ、シナモンスティックと赤唐辛子も加え、ふたをして40分ほど煮る。時々鶏や野菜を返しながら、煮汁がどろりと黒くなり、肉が骨から簡単に外れるくらいになるまで煮る。いつ作っても裏切らないおいしさ。

にらと穂じそのスープ　みじん切りのにら、穂じそを椀に盛り、酒、塩を加えて煮立てた鶏スープを注ぐ。

きゅうりのぬか漬け

ごはん

ぶどう（緑、紫）

9月27日　晴れ

朝起きると台所の窓辺の蔓が萎れていた。夕顔だけはまだ元気だが、あとは見るも哀しい姿になっている。昨日まであんなに美しく窓辺を飾ってくれていたというのに。畑のにらには可憐な花がつき、アンデスの乙女やブルーベリーの葉がだんだん枯れ始めている。もう秋。昼は椿とピクニック。これからは毎日でもいいくらいだ。

栗の雪　ゆで栗の果肉の熱々をざるで裏ごしする。スプーンですくって食べる。
牛乳

・立田の森にて
梅干しおにぎり
畑の終わりのきゅうり　黒米入りみそで。
トマト
半熟卵
梨（あかつき）、みかん

トマトソースのオレッキエッテ　手打ちパスタは椿がたくさん食べてくれるのでつい腕をふるいたくなる。今日は粉はセモリナ粉。セモリナ粉と水を2：1でこねてねかせる。細いひも状に伸ばし、小さく切ってからあまり切れない食卓用ナイフの頭の先を当ててくるりと転がし、そのままくるりと裏返してオレッキエッテ（小さな耳たぶ型のパスタ）を作る。ソースはトマトソースに尽きる。完熟トマトをざく切りにして鍋に入れ、つぶしたにんにく、小さなバジリコ、オリーブ油、粗塩を加えて煮る。生のトマトの場合はあまりじっくり煮ないで、ささっと、ただし水っぽくならないように甘みが出るまで煮る。オレッキエッテをゆで、熱いソースであえる。

なすと赤玉ねぎのロースト　なすは縦に割ってから大きく切り、水にさらす。水を切り、赤玉ねぎのくし切りと一緒にアルミニウムのバットに入れ、オリーブ油、塩をまぶしてオレガノの枝をのせる。２５０度のオーブンで15分、こんがりするまで焼く。オレガノをのぞき、バルサミコとケッパーの酢漬けであえる。バルサミコとケッパーがとてもよく合う。こんな料理が一番だ。

春菊ときゅうりのオイル蒸し　昨日の教室で残った春菊の固いところときゅうりの棒切りにオリーブ油、粗塩、にんにくをまぶして蒸し煮にしてみる。きゅうりが意外にもおいしい。

残り物のくるみとむかごのフォカッチャ

阿蘇の栗をゆでたもの

みかん、りんご

9月29日　雨時々大雨

夕刻、純白の夕顔が数珠つなぎに咲いた。夕顔の白はぽってりとした陶器の釉薬のようでもあり、透けるような磁器のようでもある。

ケフィア　栗ジャム、栗みつ
紅茶

・教室の近くのインド料理屋
羊肉とレンズ豆のカレー
野菜の付け合わせ2種
ターメリックライス
チャイ

里いも、こんにゃく、小かぶの蒸し物　こんにゃくは切って水にさらし、水につけたまま蒸す。里いも、小かぶは皮ごと蒸す。柚子みそも最後に一緒に温め、熱々を供する。
山東菜にゆかりごま　山東菜はゆでてから、ざるに広げてしぼらずに水切りしておく。食べよく切って器に盛り、ゆかりとごまをふる。
さんまの塩焼き　大根おろし、かぼす
きゅうり、小メロンのぬか漬け

ラディッシュの塩漬け　葉をとり、大きいものはくし切りにして塩でもみ、しっかりしぼる。

青じそごはん　ごはんに酒を混ぜて炊く。青じそはみじん切りにして水にさらし、塩揉みしてしっかりしぼる。炊きたてのごはんに混ぜる。

れんこんのみそ汁　いりこと昆布のだしと鶏スープを半々にして煮立てる。皮をむいて薄切りにしたれんこんを煮て、あくを引く。れんこんに火が通ったらみそを溶く。上から穂じそを散らす。

桃のようにお尻の割れた緑のぶどう、甲斐路

9月30日　くもりのち晴れ

庭がだんだん秋の装いになってきた。南庭の楓は早くも紅葉している。酔芙蓉の花が一輪だけ咲いた。結婚式の日、満開の白や紅の花をつけていたことを思い出す。酔芙蓉の花の色が一日の中で変わりゆくことを、この家に嫁がなければ私は一生知らずに終わったかもしれない。夜は遅ればせながら佳代子さんの70歳のお祝い。栗喫茶と栗の料理会の試作もしながら、一日中料理をして過ごす。こんな日が一番いい。

セモリナ粉入りフォカッチャ　粉の1/3量をセモリナ粉で作ってみる。伸ばした生地にはごま、むかご、生落花生をたっぷりとのせて埋め込み、粗塩とオリーブ油をかけて220度で12分、250度で3分焼く。

青菜と白菜のオリーブ油蒸し　白菜、小かぶの葉、ラディッシュの葉は手でちぎり、太い軸を鍋底に、柔らかい葉を上の方にのせる。ふたをして強火にかけ、かさが少し減ったら赤唐辛子、皮ごとつぶした赤にんにく、オリーブ油、粗塩をまぶしてごく柔らかくなるまで蒸し煮にする。30分くらいかけてとことん柔らかく煮ると、あの香りがようやく出てくる。ラディッシュの葉もこうするとおいしく食べられる。飽きるほど作った料理だが、簡単なようで侮れない。今日は完璧。

なすのロースト・ケッパードライトマトソース　なす（フィレンツェの紫）は1センチの厚さに切り、水にさらす。ざっと水気を切ってアルミのバットに入れ、オリーブ油、粗塩、クレタ島のワインビネガーをまぶす。250度のオーブンで10分ほど、こんがりして芯までしっかり火が通るまで焼く。ケッパー酢漬け、ドライトマトオリーブ油漬け、韓国粉唐辛子、皮ごとつぶした赤にんにく、オリーブ油を混ぜたソースであえる。

焼き栗のスープ　ゆで栗にオリーブ油をまぶして250度のオーブンで約15分、こんがりと焼く。鍋に入れてひたひたに水を注ぎ、粗塩も加えてふたをして煮る。柔らかくなったらブレンダーにかけ、牛乳も加える。栗みつを加えて心地よい甘さにする。熱々にして再びブレンダーにかけて泡を立て、器に盛り、栗みつをすっと回しかける。

牛の栗きのこロール

牛薄切り肉　大4枚

ぶどう

オレガノ　数枝
オリーブ油　少々
〈詰め物〉
ゆで栗　１００g（正味）
しいたけ　１２０g
赤玉ねぎ　80g（中１個）
ローリエ　１枚
アンチョビ　２枚
オリーブ油　適量
粗塩　少々
ヴィンコット　大さじ１
ワインビネガー　大さじ１
〈ソース〉
ハーブ（イタリアンパセリ、ミント、ルーコラ、バジリコなど）$\frac{1}{2}$カップ
にんにく　ほんの少々
オリーブ油　大さじ2
粗塩　少々
〈仕上げ用〉
栗のコンフィチュール　小さじ4

粗塩　少々
　黒こしょう　少々
ゆで栗は皮をむいて食べやすい大きさに切るが、粉々にしないように注意する。

しいたけは汚れと石づきを取り、食べやすく切る。

赤玉ねぎとアンチョビはそれぞれ粗みじん切りにする。

鍋にオリーブ油を入れて赤玉ねぎを炒め、油が回ったらしいたけ、粗塩、ローリエを加え、ふたをして時々混ぜながら10分ほど蒸し炒めにする。

しいたけの香りが漂ってきたらヴィンコットとワインビネガーを加えて煮立て、火を止める。

ローリエをのぞいて火を止め、栗と刻んだアンチョビを加え混ぜて冷ます。

ラップの上に牛肉の薄切りを広げ、等分した詰め物をのせて丸く包む。

ラップをはがしてオーブンシートを敷いた天板に並べ、オレガノの枝をのせ、オリーブ油をかける。

250度のオーブンで約6分、こんがりするまで焼く。

ソースのハーブをみじん切りにし、オリーブ油、粗塩を混ぜる。

皿の中央に栗のコンフィチュールをのせ、肉を置き、ソースを回しかけ、粗塩をふり、こしょうを挽く。

みかん
チョコレートのトルタ

10月2日　晴れ

銀木犀の香る一日。いつの間にかこの季節がめぐってきた。庭の栗はけっこう実を落としてくれる。

にんじんビスケット
ミルクティー

エスニック焼きそば　余っていたぎょうざの詰め物と豚挽き肉、きくらげとピーマンの千切りを炒めたら焼きそば麺を加える。鶏スープ、つけあみ、ナンプラーで味をととのえ、にらを加えて火を止める。器に盛り、刻んだ香菜と干しあみを散らす。

なすと落花生のスパゲッティ　なすは皮ごと2センチほどの角切りにし、水にさらす。平鍋にオリーブ油、つぶしたにんにく、なす、バジリコの枝を入れて蒸し炒めにする。途中粗塩をふり、ほどよく火が通ったらゆでた落花生の粗みじん切りを加え混ぜる。スパゲッティとあえ、器に盛り、さらに落花生のみじん切りと粗塩を混ぜたものをふる。

キングサーモンのボイル　サーモンは海藻塩をまぶしておき、ハーブや香味野菜を水から煮出した湯に入れてとろ火でゆでる。カリフラワーとサラダ菜は強火で蒸して皿に盛り、サーモンをのせる。バジリコ、にんにく、オリーブ油、塩をミキサーにかけてなめらかにしたソースをかけ、粒マスタード、酢漬けケッパー、シークワーサーを添える。
サラダ菜のサラダ　皿にサラダ菜の芯ばかりを盛り、中心にすだちの半割りをのせる。オリーブ油、粗塩をかける。

10月3日　快晴

朝からハーブの苗を植える。ラベンダー2種、イタリアンパセリ、コリアンダー、ブラックペッパーミント、スイスリコラミント。ラベンダーが花を咲かせるのが待ち遠しい。隙間には蛇いちごと野みつばを植える。むき出しの土は蛇いちごと野みつばでいっぱいにしたい。昼、庭にテーブルを出して食事。空は高く、銀木犀が香る昼下がり。ヴェルドゥーノの昼餐を思い出す。晴れた日、大きな樹の下のテーブルに白いクロスをかけ、簡単なパスタやリゾット、サラダやチーズ、少し固くなったパンなどを食べながらイタリア語談義に耳を傾けた貴い時間が恋しい。栗喫茶に向け、母屋の台所の大掃除をする。夜は久しぶりの自転車散歩。月のまわりが虹色にけむっていた。夜遅く、庭のブランコからソヨゴの木にかかる蜘蛛の巣を眺める。幻想的な風景。

にんじんビスケット
ケフィア　エルバのはちみつ、アカシアのはちみつ
里いものニョッキ・ミントクリームソース
　里いも　400g（正味）

強力粉　１００g強
バター　20g
ペパーミント　たっぷり
生クリーム　１００g
パルミジャーノすりおろし　大さじ4＋仕上げ用
粗塩　少々

里いもは皮ごとごく柔らかく蒸す。

熱いうちに皮をむき、固いところがあればのぞき、すりこぎでまんべんなくつぶす。

粗熱が取れたら、強力粉を混ぜ、しっかり混ぜる。

台に打ち粉をして1センチ太さのひも状に伸ばし、食べやすい長さに切る（この時、つぶしきれていない固い部分は除く）。

さらに打ち粉をし、指で手前に転がしてくぼみをつける。

打ち粉をした台の上に広げてくっつかないようにしておく。

平鍋に生クリームとミントの枝を入れ、弱火で煮てミントの香りをクリームに移す。

ミントを取り出し、バターとパルミジャーノを加え混ぜる。

たっぷりの湯を沸かして粗塩を入れてニョッキをゆで、浮いてきたら弱火にかけたソースに入れてあえる（ソースが重たい時はゆで汁で調整する）。

とろりとしたら器に盛り、パルミジャーノをすりおろし、好みでこしょうを挽く。

ありあわせのサラダ　カリフラワー、小さなきゅうり、トマトは乱切り、赤玉ねぎは薄切りにし、酢漬けケッパー、オリーブ油、粗塩、クレタのビネガーであえる。椿がケッパーをいくらでも欲しがるおかげで（ケッパー好きな2歳の子供がどれだけいるのだろうか）ケッパーをよく食べるようになった。つい、喜ぶ顔見たさにあちこちに入れてしまう。

栗のテリーヌ　栗喫茶の試作。塩味のテリーヌと甘いテリーヌを作ってみる。塩味のテリーヌは、ゆで栗の果肉をフードプロセッサーにかけ、バター、塩、きび砂糖をねっとりするまで撹拌する。生地の3/4をまとめてラップに包んで棒状にし、残り1/4にはココアを加えて撹拌する。ベージュの生地とココアの生地をくっつけて断面が栗型になるよう手で形をととのえ、ラップで包んで冷やす。甘いテリーヌは、塩味のテリーヌのココア生地を作った後のフードプロセッサーを洗わずにゆで栗の果肉、生クリーム、コニャック、栗みつを撹拌する。あとは塩味のものと同様に2色にしてまとめる。いずれもよく冷やしてから好みの厚さに切ると、断面は栗そのもの。パンに添える。

みかん、巨峰

冬瓜とがんもの煮物　皮をむいてころりと切った冬瓜を酒と粗塩で蒸し煮にし、透明感が出てきたらがんもどきを入れる。いりこと昆布のだしをひたひたに加え、酒、薄口しょうゆ（全体が飴色になるくらい）を入れてふたをして中火で煮る。ある程度煮えたらがんもを冬瓜の上にのせ、汁気がほぼなくなるまでさらに煮る。濃いしょうゆ色に煮えた冬瓜は意外なおいしさ。

なすみそ　厚切りのなすと乱切りのピーマンを菜種油で炒める。油が回ったら水を少し加え、柔らかくなったらきくらげを入れ、酒をふる。火が通ったら熟成米みそ、黒砂糖、酒を加える。最後にごま油を加え混ぜる。

水前寺菜とこんにゃくのゆかりナムル　水前寺菜は、酢を落とした湯でゆでる。こんにゃくは薄切りにして同じ湯でゆでる。水気を切り、ゆかり、梅酢、ごま油、ごまであえる。

納豆　しょうゆ

大根と大根葉と昆布のみそ汁

きゅうりのぬか漬け

麦飯

みかん、りんご

10月5日　晴れ

栗喫茶第一日。予想もしていなかった人出で、玄関の行列にうろたえる。いろいろ難しかったがまずは一日目終了。京都からお茶の先生も到着する。涼やかな秋の庭に炭火焼の準備をし、晴れやかな気持ちで夕餉とする。材料の用意まで手が回らなかったので、護光さんに買い物を頼む。赤牛の巨大な塊と豚ばら肉の塊を数本、鶏肉、野菜をあれこれ大袋にどっさり。さすがに男の人は買い物の仕方が違う。生で食べられる野菜はすべて刻んでサラダに、テーブルには調味料をいろいろ出し、肉も野菜も何も味をつけずに炭で焼く。それぞれ勝手に自分で味つけをしてもらったら、これが功を奏す。私のバーベキュー史上に刻まれるおいしさだった。食後は広間で小さな茶会。虫除けのろうそくを灯し、カセットコンロにやかんをのせて湯を沸かす。闇夜のお点前と焼きたてのスフレロール。何と言う贅沢。みなが寝静まった夜中、また大量の栗を仕込む。

栗のテリーヌ
紅茶

・栗喫茶メニュー
焼き栗のスープ、栗のテリーヌ、栗のパンのセット
モンブラン
マロンクーヘン
栗きんとん
栗まんじゅう

えごまの香りのサラダ　水前寺菜、ラディッシュ、きゅうり、サラダ菜、赤玉ねぎ、カリフラワー、オクラはすべて食べよく刻み、えごま油、酢、粗塩であえる。炭火焼にはこのえごまの香りのサラダが抜群に合う。
炭火焼き　豚ばら肉、赤牛のイチボの大きな塊、鶏せせり、鶏ハラミ、里いも、な

す、パプリカを炭火で焼き、粗塩、塩麹、酢漬け青唐辛子、柚子胡椒、柚子みそ、しょうゆなどで各自好みの味つけをして食べる。

栗のスフレロール

薄茶

10月8日　晴れ

自然公園のお墓の前で茶会。椿はお点前の間中ずっと膝の上で静かに座っていた。温かく幸せな感触。久しぶりに庭に水をまくと、植物が生き返った。昨日、阿蘇の植木屋で買った苗をいろいろ植える。七山で見て以来ずっと探していたジャーマンカモミール、カレープラント（カレーの香りのハーブ）、ウィンターコスモス（小さなレモン色のコスモス。冬のはじめまで花を咲かせるそう）、ツルニチニチソウ（斑入り）、テンダーラベンダー、リッピア（砂糖の1000倍の甘さがあるスイートメキシカンハーブ）、ホワイトエンジェル（おそらくセイロンランティアの一種）、カリオプテリス（斑入り）、こちらも念願のレモンマートル。そろそろ玄関の左側と石垣のあたりを綺麗にしよう。

薄茶

からいもの生菓子

安納いもと里いものニョッキ

安納いも　200g（正味）

里いも　200g（正味）
強力粉　100g強
生クリーム　100g
山羊乳の白かびチーズ　50g
バター　大さじ4
パルミジャーノ　大さじ4＋仕上げ用
粗塩　適量

作り方は里いものニョッキ・ミントクリームソース（249ページを参照）。素晴らしいニョッキ！

きのこのグリル　ひらたけ、しいたけは固いところを取り、グリルパンをかんかんに熱してのせる。こんがりしたら裏返し、霧を吹きながら両面ともしっかりと火を入れる。熱々をつぶしたにんにく、オリーブ油、クレタ島のワインビネガー少々であえる。

豚ばら肉のマルサラ煮

豚ばら肉　500g
粗塩　適量
玉ねぎ　大1個＋小4個
にんにく　4かけ
赤唐辛子　4本

10月10日　晴れ

シナモンスティック　1/2本
オレガノ、ローリエ　たっぷり
トマト水煮　400g
バルサミコ　25g
マルサラ　50g
豚ばら肉は全体に粗塩をまぶし、冷蔵庫で半日ほど置く。よく熱したグリルパンで豚ばら肉を全面こんがりと焼く（脂の部分は特にしっかりと焼くことで仕上がりが軽くなる）。玉ねぎ1個とにんにくは刻み、鍋にその他の材料とともに入れて煮立て、肉を入れてふたをする。再び煮立ったら弱火にして1時間、小さな玉ねぎを丸のまま入れてさらに30分ほど蒸し煮にする。器に豚肉と玉ねぎを盛り、脇にきのこのグリルを盛り、とろりと煮詰めたソースをかける。

畑のリーフレタスのサラダ　リーフレタスは手でちぎり、オリーブ油、すだちの汁、粗塩であえる。

熟れ柿

椿は午後になって動物園へ行きたいと言い出し、出かけて行った。帰ってきてから猿やフラミンゴを見た、モノレールに乗ったとはしゃぐのを見て、一緒に行かれなかったことを悔やむ。白いミニ薔薇、夜香木《やこうぼく》、フェンネルの苗を買う。夜だけ香る小さな花がつく夜香木。夜の散歩に出かける時、たしかに濃い甘い香りが辺り一面に漂った。椿も小さな鼻を花に近づけてしばしうっとりとしていた。

さつまいものパウンドケーキ
アフリカの紅茶
牛乳

納豆オクラ卵そば　塩ゆでしたオクラを細かく叩き、納豆、卵白、塩と一緒にふわふわになるまで混ぜる。冷たくしたそばを鉢に盛り、ふわふわをかけ、真ん中に卵黄を落とし、みじん切りのラディッシュを散らす。好みでつゆ（昆布といりこのだし、酒、みりん、しょうゆを煮立てて冷やす）、すだちをしぼってかける。卵白だけを納豆と混ぜるのはいい考えだった。
みかん

・10月料理の試作をいろいろ
柿とルーコラと木の実のサラダ　柿は固すぎず、柔らかすぎず食べ頃のものを選び、皮、へた、種をのぞいて乱切りにする。ルーコラは洗ってしっかり水気を切り、柔らかければそのまま、軸がしっかりとしているものはざく切りにする。皿にルーコラを盛り、柿をのせ、オリーブ油、粗塩をふり、香ばしく炒ってから粗みじん切りにしたナッツをかける。

銀杏のリゾット　さばのあらはよく洗い、鍋に入れ、水をかぶるくらいに注ぐ。強火にかけてあくが出てきたらすくい、玉ねぎ、にんにく、しょうがの乱切り、ローリエ、オレガノ、バジリコ、粒こしょうを加えて30分ほど煮てから漉す。銀杏は殻を割り、塩ゆでして皮をむく（多少割れても気にしない）。オリーブ油で米を炒め、ぱちぱちいってきたらシェリーを加えて煮立てる。銀杏とスープをひたひたに加え、時々混ぜながら、スープを足しつつアルデンテになるまで15分ほど煮る。ほどよい固さになったら塩味をととのえて火を止め、パルミジャーノのすりおろし、オリーブ油を加え混ぜる。

ゆでさばのかぼすソース　さばは2枚におろし、血合いをのぞいて半身をさらに半分に切る。両面に粗塩をふり、しばらくおく。平鍋にあらのスープの残りとワインビネガー少々を加えて煮立てる（水分が少なければ水を足し、さばがひたひたにつかるくらいにする）。さばを入れたらすぐに弱火にする。10分ほどゆで、身の厚いところに金串を刺して熱くなっていたら、水気を切って皿に盛る。粗塩を散らし、かぼすの皮のすりおろしとしぼり汁、オリーブ油を混ぜたソースを回しかける。

かぶとアンチョビのサラダ　かぶは白いところを歯ごたえの残る厚さに輪切りにし、柚子のしぼり汁をまぶす。葉は細かく刻み、オリーブ油、みじん切りのアンチョ

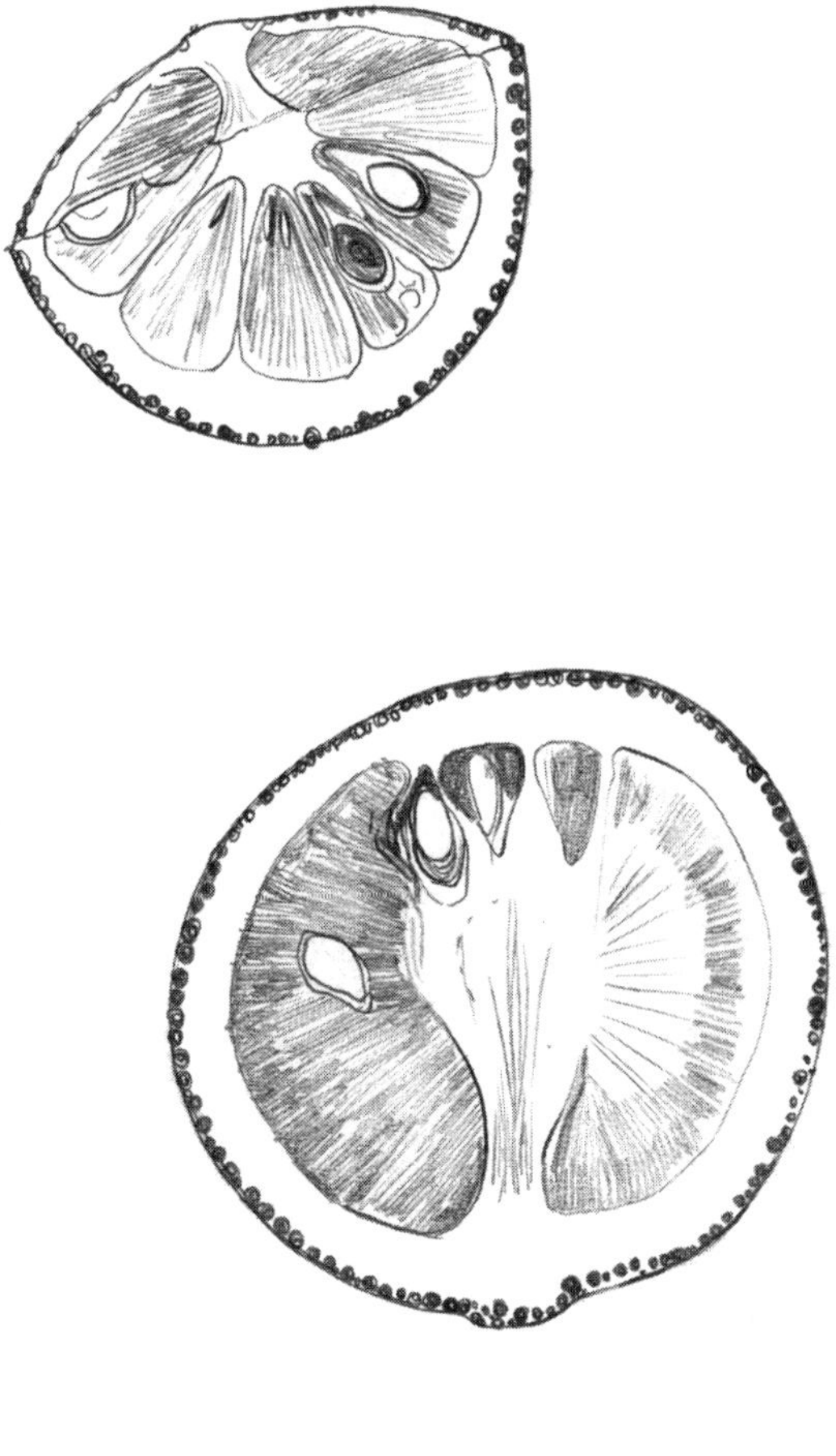

すだち

ビ、つぶしたにんにくを加えて　やさしくあえる。かぶと葉を盛り合わせる。
果物のクリーム焼き　りんご、バナナ、梨は乱切りにし、カソナードとラム酒をまぶして耐熱皿に入れる。生クリームを注ぎ、バターをところどころのせ、カソナードをたっぷりとふる。２５０度のオーブンで15分ほど、こんがりとするまで焼く。好みでシナモンをすりおろす。

10月18日　晴れ

朝、椿の言葉にまた涙する。心に深く刺さる言葉の数々。午後、気を取り直して二人で動物園へ出かける。動物を順々に見て回り、モノレールや汽車に乗っているうちにすっかり心が和らいだ。熊本でまたひとつ、居心地のよい場所が見つかった。キリンの顔が脳裏から離れない。夜、作る気がせず、椿とふたりおでん屋で食事。

ヨーグルトに蜂の巣はちみつ　阿蘇の窯場に仕掛けた巣で採ったはちみつ。遠くにそばの蜜のような香りがして、本当においしい。椿もこのはちみつだとケフィアを何杯でもおかわりする。

・藤崎宮近くのおでん屋
突き出し（黒豆、さつまいものレモン煮、焼きししとうのおかかあえ）
もずく

野菜の袋煮
もちと岩のりの雑煮
半熟卵
生ゆば
おでんだしで炊く釜飯
白菜漬け

10月19日　晴れ

昨日のもやもやが晴れた。久しぶりに体がよく動く。椿にまた同じように微笑み、抱きしめることができる。家中を掃除し、庭を歩いて花を探し、生ける。ほととぎす、白山木《はくさんぼく》を緑のガラスの壺に。久しぶりに水で満たされたガラスは忘れられていた美しさを取り戻す。

ケフィア　窯場のはちみつ

・テラスでピクニック風

れんこんのきんぴら　れんこんは皮をむいて薄切りにし、さっと水にさらす。ひも唐辛子とともに菜種油で炒め、酒、酢、つゆを入れて炒りつける。最後に薄口しょうゆ、ごま油を加えて火を止める、ごまをふる。

水前寺菜のゆかりあえ　水前寺菜の柔らかい葉先を畑からちぎる（食べ終わった後

の茎を土に挿しておいたらどんどん茂って驚いた)。さっとゆで、しぼらずにゆかり、梅酢、おかかをかける。
梅干しおにぎり　ヒノヒカリの新米を七分づきにして。
ポテト卵サラダ　ゆでおきのじゃがいもと半熟卵をあわせ、塩、マヨネーズとあえる。

むかごの塩ゆで
大根のぬか漬け

里いもと安納いものニョッキ・チーズソース　里いもと安納いもは蒸してそれぞれ1/4量の強力粉を混ぜる。時間がなくて慌てて作ったら、ゆでても粉っぽさが抜けなかった。平鍋にチーズ3種のすりおろしと牛乳を入れて弱火で溶かし、ニョッキと合わせてバターを加え、とろりとさせる。

枝豆のフリッタータ　卵に塩をひとつまみ入れてざっと溶き、オリーブ油を入れて熱したフライパンでふんわりと焼く。固まり始めたらゆでた丹波の黒枝豆をむいてたっぷり散らす。半熟を卓上へ。

オクラ、ルーコラ、赤玉ねぎ、ピーマンのサラダ　野菜は食べよく切り、グリーンレモンの汁、オリーブ油、粗塩であえる。

みかん
ココアクッキー

10月23日　夜中は大雨、朝起きたら晴れ

しんしんと冷える朝。庭中また落ち葉だらけ。白いコスモスも一気に花が萎れてしまった。市場には青い葉ものがたくさん並んでいる。たおやかで美味しそうなセロリと、香りのよさそうなルーコラを買う。

甘酒ミルク
ケフィア　巣蜜

がんも、しいたけ、山いもだれの釜揚げうどん
ラ・フランス、みかん

なすと栗のスープ　長なすは適当な長さに切ってから縦半分に切り、水にさらす。なすを鍋に入れてオリーブ油、粗塩をふって蒸し煮にする。全体がくずれるくらいに柔らかくなったら鶏スープを加えて煮る。ブレンダーで撹拌し、牛乳を加えてほどよいとろみにする。作りおきの栗のスープ（ゆで栗の果肉をバターで炒め、牛乳と塩を加えてなめらかに撹拌したもの）を温め、なすのスープを盛った中心に注ぐ。オリーブ油をひとすじかける。なすを皮ごと入れるかどうしようか最後まで悩んだが、皮も入れてよかった。なすらしい濃い香りが立ち、やさしい栗との風味が相まってすばらしいスープとなった。

ズッキーニのピッツァ　水１００グラム、生種22グラム、強力粉２２０グラム、塩4グラムでピッツァ生地をこね、発酵させる。ズッキーニはスライサーで薄切りにし、塩揉みしてから水分をぎゅっと絞る。伸ばした生地にモッツァレラチーズとズッキーニをのせ、パルミジャーノをすりおろして、オリーブ油と粗塩をかける。天板ごと温めた３００度のオーブンで5分焼く。焼きたてにバジリコの葉をたっぷり。もう11月だというのに元気なバジリコだ。

きのことくるみのピッツァ　原木のひらたけとしいたけは手で裂き、砕いたくるみ、オリーブ油、粗塩をまぶす。モッツァレラチーズとともに生地にのせ、同様に焼く。焼きたてにパルミジャーノをすりおろす。

りんごと若いセロリのサラダ　りんご（母が軽井沢から送ってくれたシナノスウィート）は皮ごと薄切りにする。細いお嬢さんのようなセロリはざく切りにし、オリーブ油、青いレモンのしぼり汁、粗塩でざっくりあえる。

柿　早秋。怖いくらい真っ赤。

10月26日　雨のち晴れのちくもり

薄灰色の空から雨音が落ち始める朝、世界は冬に向かって歩を進めていることに気がつく。床暖房のスイッチを入れる。北庭の石蕗の黄色い花が雨の中で妙に輝いている。フランス柊の実が色づいてきた。

ケフィア　巣蜜
りんご
アフリカの紅茶

ごまだれねぎうどん　ねぎ油を熱し、酒、黒酢、しょうゆを入れて煮立てる。水を注ぎ、ぐつぐつ煮たら、ねりごま、ごまを加えて混ぜ、とろみがつくまで煮る。うどんをゆで、途中でキャベツをちぎり入れて釜揚げにする。熱いごまだれをつけながら食べる。今日は上に若いセロリを薬味としてのせる。途中で豆板醤を少々。最後に鉢に残った汁はうどんのゆで汁で伸ばして飲む。体温まるよい料理。
みかん
甘酒ミルク
バニラクッキー

ルーコラ、りんご、柿のサラダ　ぎざぎざの葉っぱのルーコラ、皮つきのりんごの薄切り、柿の乱切りをオリーブ油と粗塩であえる。
銀杏と枝豆のピデ　いつものピデの要領で生地をこねる。1次発酵の後、銀杏とゆでた黒枝豆をのせ、粗塩をふってオリーブ油をかける。250度で10分ほど焼く。
白きくらげのリゾット　鍋にバターを溶かして米をじっくりと炒め、ぱちぱちと小さな音がしてきたら白ワインを注ぐ。強火でアルコールを飛ばしたら、鶏と野菜のスープを加えて煮る。時々スープを足しながら混ぜ、米にほんのり芯が残るくらいまで煮る。白きくらげは手で裂いてからバターでさっとソテーし、ブロードを入れる。リゾットに白きくらげ、パルミジャーノのすりおろし、バターを加え混ぜて器に盛る。

レモン豚（作り方は96ページ）
大きな梨
クッキー、アーモンドメレンゲ
スパイスティー

10月27日　晴れ

糸島から友人一家来る。子犬のようにじゃれ合う子供たちのなんという愛らしさ。

栗のスープパスタ　栗はゆでて皮をむく。昨夜のレモン豚の煮汁、一緒に煮たねぎ1本を裂いたもの、野菜のブロード、栗を鍋に入れて煮る。あくをすくいながら、栗を半分くずすように煮る。強力粉、玄米粉、セモリナ粉、水をこねて麺棒で伸ばし、乱切りにする。子供用には犬の型と葉っぱの型で抜く。パスタをゆで、栗のスープの中で煮る。器に盛り、オリーブ油をかける。終わりの栗、しかも冷蔵庫にしばらく入れてあったので新鮮さはなかったが、甘みがしっかりと出ていた。肉のうまみも相まって、おいしいパスタができた。玄米粉入りのパスタも素朴で悪くない。

セロリとルーコラのフリッタータ　鉄のフライパンの底全体にオリーブ油をひき、たっぷりの玉ねぎを刻んでやや焦げ目がつくまで炒める。卵を溶いて刻んだ細いセロリの茎、ルーコラ少々、塩、牛乳少々を混ぜる。強火でふんわり混ぜたらふたをして弱火で蒸し焼きにする。半熟になったら火を止め、上にセロリの葉とルーコラをこんもりのせ、オリーブ油をかける。

高菜とキャベツのオリーブ油蒸し　ちぎった高菜、キャベツ、にんにく、赤唐辛子、オリーブ油、粗塩を鍋に入れ、くったりするまで蒸し煮にする。

りんごのクランブル　紅玉の薄切りをレモン汁とシナモンのすりおろしであえ、耐熱皿に入れる。薄力粉と砕いたくるみ（粉の半量）を菜種油とメープルシロップで混ぜ、ぽろぽろにしたらりんごの上に敷き詰める。１８０度のオーブンの下段で45分ほど、こんがりするまで焼く。ホイップクリームにメイプルシロップをかけて添える。

・公園の茶室で十月の花会

中国の紅茶

10月28日　雨のちくもり

早朝から阿蘇神社の蚤の市へ。深い霧の山道を抜けて辿り着く。特にこれと言って買うものを考えていたわけではなかったが、いろいろ掘り出し物に出会った。煤竹の三段重ねの籠はピクニックにうってつけ。錆びた頑丈な五徳は薪ストーブの煮込み料理に。銅の焼き網は正月のもち焼きに。背の高い吹きガラスの花瓶は長い枝ものを生けるのによさそうだ。椿のお弁当箱、パンダのついた箸も見つけた。幼稚園の準備を少しずつしてゆこう。

ビスケット
りんご
甘酒ミルク

・阿蘇の蚤の市で
そば粉のガレット
じゃがいも、きのこ、パプリカのカレー風味のキッシュ
トマトジュース

じゃこ天の炙り　新しょうがのすりおろし、しょうゆで。
とうもろこしのナムル　軸からはずしたとうもろこしを菜種油でさっと炒める。粗塩、にんにくとごま油各少々であえる。
甘長唐辛子のナムル　菜種油でじっくり蒸し焼きにし、にんにくとしょうゆを加えてあえる。
納豆鍋　鉄の中華鍋を熱して菜種油を入れ、刻んだねぎとにんにくを炒める。納豆

庭の枝葉

を加えて鍋底にはりつくくらいになるまでしっかりと炒める。豚ばら肉の塊を食べ応えのある厚みに切って入れる。木綿どうふ、ねぎ、しいたけ、白菜を入れ、水をかぶるくらいに注いで強火で煮る。
銀杏ごはん　米（七分づき新米）1カップ、もち米大さじ2、塩小さじ1、銀杏20個を米と同量の水で炊く。美味。
梨、柿
お茶のビスケット
ホットミルク

10月31日　晴れ
いつもの森でピクニック。蚤の市で見つけた煤竹の三段のお弁当籠にサンドウィッチの具とお茶菓子を詰めると、平和な気持ちになる。漆の酒器に盛ったとりどりの野菜や卵が籠の中にちょうどよくおさまり、ピクニックに出かける喜びをさらに盛り上げてくれる。椿もいそいそと自分の体の半分もある籠を運んでうれしそうだ。

阿蘇の飲むヨーグルト
ごまのイングリッシュマフィン、コッペパン
マヨネーズ卵　ゆで卵、塩、マヨネーズを混ぜる。

坊ちゃんかぼちゃのバター蒸し　皮をざっとむいて薄切りにしたかぼちゃを鍋に入れ、バター、塩、水を加えて蒸し煮にする。熱々はねっとりしておいしかったが、冷めたら固くなってしまった。相当ゆるくしておかないといけない。お弁当は難しい。

サラダ芥子菜、ラディッシュ

プーアールチャイ　プーアール茶、シナモン、クローブを煮出してミルク、黒砂糖を加えたもの。美味。

ウーロン茶

ココナッツチョコレート

アーモンド

みかん

パプリカのナムル　赤と黄色のパプリカは千切りにする。にんにく、菜種油、酢、梅酢とともに鍋に入れて蒸し炒めにしてごまをふる。蒸し煮にしたことでパプリカの歯ごたえが失われてしまった。ナムルはふたをせずにさっと炒めた方がよい。

豚スペアリブ、鶏手羽先、れんこんの韓国焼き　れんこんは、歯ごたえが残る好みの形に切り、さっと水にさらしてざるに上げる。たれの材料（しょうゆ大さじ4、焼酎大さじ2、黒砂糖大さじ2、みそ大さじ2、ごま油大さじ2、韓国産粉唐辛子大さじ1、にんにくのすりおろし2かけ分、しょうがのすりおろし大1かけ分）を混ぜ、豚スペアリブ、鶏手羽先、れんこんを入れてよくあえる。天板にオーブンシートを敷いて並べ、250度で5分、200度で15分ほど、こんがりとするまで焼く。このたれは炭火焼の時にも重宝する。必ず作り方を聞かれるので、オーブン料理にもよいのではないかと作ってみたらこれまたとてもおいしかった。

白菜のサラダ　白菜の細切りをえごま油、酢、粗塩であえる。ぱりぱりもいいが、味がなじんだ頃もおいしい。

五穀飯

白菜スープ　いりこだしで白菜の千切りをとろとろになるまで煮る。塩麹を加えて味をととのえる。お椀に南関揚げ、大根の葉の小口切りを入れておき、熱いスープを注ぐ。

柿、りんご

しょうがミルク

11月1日　晴れ

冷たい朝、昼、何だか哀しい一日。夕刻、外に出ると椿の楽しそうな声が天に響いている。気を取り直して一緒にむかごを採り、姫リンゴを拾う。ふと吹いた風に飛ばされる小さな紅色の実に「りんごがお空から降ってくるよ！」の歓声。小さなことで報われる日々の連続。

ドライフルーツのビスケット

ケフィア　しょうがシロップ
青い矢車菊入りの紅茶

・坂の下のお好み焼き屋
モダン焼き

チョコレート、そば粉のビスケット
甘酒ミルク
揚げむかご　菜種油で素揚げにし、塩をふる。皮が少し固くなるので大粒のものの方がよい。
黒粥
　黒豆　1/2カップ
　黒米　大さじ2
　米　1/2カップ
　黒もちきび　大さじ2
　黒ごま　大さじ2
　水　黒豆のゆで汁と足して4〜5カップ
　塩　小さじ1
黒豆は洗ってたっぷりの水に一晩ひたす。黒米も一晩水にひたしておく。

でておく。

黒豆を戻した水のままゆで、沸騰したらあくをすくい、ふたをして弱火で固めにゆでておく。

米は洗ってざるに上げ、黒もちきびはさっと洗って水にひたしておく。

土鍋に米、水気を切った黒米、黒もちきび、黒ごま、黒豆を入れる。

黒豆のゆで汁と水を加えてふたをして中火にかける。

煮立ったらごく弱火にし、ふたをしたまま40分ほど炊く。

途中、鍋底を軽くなぞるように混ぜ、水分が減りすぎたら適宜水を足す。

ふっくらと炊けたら塩を加えて軽く混ぜる。

じゃこ天、玉ねぎ、キムチの炒め煮　菜種油で乱切りにしたじゃこ天と玉ねぎを炒める。古漬けキムチの汁を加えてほどよい固さになるまで炒めたら、キムチを加えてさっと煮る。しょうゆ、ごま油を加え混ぜる。

芥子菜のゆかりナムル　サラダ用の芥子菜をさっとゆで、軽くしぼる。食べやすく切り、ごま油、つぶしたにんにく、ゆかり、梅酢であえる。

白菜と白きくらげのスープ　刻んだ白菜、ちぎった白きくらげ、鶏スープ、つけあみ、塩麹、葱油を土鍋で蒸し煮にし、とろとろになったら火を止める。青唐辛子酢をかけるとぐっと味がしまる。

みかんのマリネ　みかん4個は皮をむき、白い筋を流水で洗いながら取って水平に半分に切る。しょうがシロップ大さじ2と柚子のしぼり汁1個分を混ぜたところに入れて全体にまぶす。切り口を下にして重ねないように並べ、ラップをして空気をしをかける。
抜き、冷蔵庫で半日以上おく。みかんを器に盛り、汁をかけ、柚子の皮のすりおろしをかける。

しょうがシロップ　新しょうがはごく薄切りにして鍋に入れる。同量のきび砂糖、レモン汁（400グラムのしょうがに対して約2個分）をかけてふたをして一晩おく。ふたをしたまま中火にかけ、煮立ったら弱火にしてうっすらとろみがつくまで煮る。熱いうちにシロップは漉し、瓶に詰める。残ったしょうがはシロップ少々を加えフードプロセッサーにかけて細かくすると使い勝手がよい。

11月2日　晴れ

七五三のお参り。自分が幼い頃に着た着物を着て、鈴のついた草履をはいた椿。着物姿はたいそう気に入ったようだったが、お宮でしばし待たされて飽きてくると、突然気に入っていたはずの着物を嫌だと言って脱ぎだす。桜模様の肌着でいやいやと頭を振る愛らしさ。千歳飴で釣って気を取り直す。

夜、今年はじめて薪ストーブをつける。

ドライフルーツビスケット

甘酒ミルク

天ぷらそば　薄暗いお宮で体が冷えきってしまった。宮司さんは大変だ。温かいそばを食べたのは十年ぶりくらいだ。すっかり体が温まった。ありがたい。

千歳飴
柿、みかん

きくらげのペースト　きくらげ、オリーブ油、にんにく、オレガノ、バジリコ、海藻入りの塩をじっくりと蒸し炒めにし、バルサミコを仕上げに加えてからペーストにする。葉をつけたまま半割りにしたラディッシュにペーストをのせて供する。しいたけや他のきのこのペーストがおいしいのできくらげでも、と作ってみたが香りが出ないのでいまいちだった。きくらげのおいしさは食感なのだ。

むかごのフォカッチャ　ケフィア、水、米粉（強力粉だと思っていたが、焼いてみたら米粉だった）、セモリナ粉、生種、はちみつ、オリーブ油、塩で生地を作る。むかごをたっぷり埋め込み、粗塩、オリーブ油をかける。霧をふき、２５０度で10分ほど焼く。セモリナ粉を足したせいか、恐れていたよりはパンらしくなったがやはり小麦粉のうまさにはかなわない。どこかおせんべいの香りがする。

焼きいものスープ　さつまいもは濡らした新聞とアルミホイルで包み、焚き火で焼く。皮の下のこんがりとした焼き目を取らないように注意しながら皮をむき、適当にくずす。鍋にバターとともに入れ、水少々をふりかけてふたをして蒸し炒めにする。粗塩をふり、鍋底にいもが張りついてきたらかぶるくらいの水を加えて煮立てる。ブレンダーでなめらかにし、様子を見ながら牛乳で濃度を調節する。スープを再び弱火にかけ、よく混ぜながら温め、もう一度ブレンダーで撹拌する。熱々になったら器に盛り、ナツメグ、パルミジャーノ、コンテのすりおろしをかける。焼きいもは中までしっかり焼けてはいたが、表面の焦げ色がなかったため、思っていた香りとこくが出ない。この料理は焼きいもの完成度が要。しかし、最後のナツメグとチーズで香りを補うことができた。甘みの薄いさつまいもだったせいか、〝これは何だろう?〟と思わせる香りがあり、それはそれでよかった。泡は立ちにくいが、とろりとした食感は悪くない。オーベルニュのじゃがいもとチーズの料理をふと思い出した。

レモン豚とかぶのボッリート

豚肩ロース塊　400g
粗塩　肉の約5%
無農薬レモン　1個
かぶ　4個
ねぎ　2本
玉ねぎ　大1個
ハーブ（ローリエ、オレガノなど）
〈ソース〉
ゆでたかぶの葉（自然に冷まして水気はしぼらずにおく）　60g
カシューナッツ　4個
にんにく　少々

オリーブ油　大さじ2
水　大さじ2
塩　適量

豚肉に粗塩をまぶし、レモンの薄切りをびっしりとはりつけて袋に入れ、冷蔵庫で半日以上おく。その間、時々袋ごとマッサージするようにしてレモン汁を豚肉に染み込ませる。

鍋に湯を沸かして粗塩を入れ、太い葉脈をのぞいたかぶの葉を入れて柔らかくゆで、ざるに上げて自然に冷ます（水気はしぼらない）。

適当に刻んでフードプロセッサーに入れ、他の材料を加えてなめらかなソースを作る。

葉をゆでた湯に丸のままのかぶ、玉ねぎ、ねぎの青いところ、ハーブを入れ、水を全体がかぶるくらいまで加え、ふたをしてごく弱火で煮る。

1時間ほど煮たらレモンを外した豚肉とねぎの白い部分を加え、さらにごく弱火で2時間ほど煮る。

スープの塩味をととのえ、かぶ、玉ねぎ、大ぶりに切った豚肉を盛り、スープを漉して注ぐ。

かぶの上にソースをのせ、豚肉にレモンの皮のすりおろしをかけて供する。

キャラメルと栗のロールケーキ　ロール生地を焼き、栗ジャムとコンデンスミルクとミルクジャムを塗って巻く（栗ジャムが足りなかったので）。

みかん
青い矢車菊入りの紅茶

11月5日　夜中ずっと雨。起きたらくもり、のち快晴
糸島の海へ。ミャンマー土産のキッチュなパラシュート遊びに興じる。子供たちは海の光の中でますます輝いて見える。糸島の塩作りを見学し、塩喫茶でくつろぐ。海辺にせり出した簡素な木組みの〝喫茶店〟は気負いがなく、吹き抜ける潮風が心地がいい。林の道で蟹に遭遇、丘の斜面には満開の石蕗。家の庭にももっと石蕗を植えよう。再び恐怖の高速道路を抜けて熊本の市場でほっと一息。ブルーデイジー（和名は瑠璃雛菊。こちらの方がずっといい）に一目惚れする。ウィンターコスモス、コリアンダーも買い足して湿った土に植える。

・糸島の家
大根葉のごはん
油揚げとにらのみそ汁
目玉焼き
ソーセージ

・塩喫茶にて
トマトスカッシュ　トマトジュースに炭酸ボンベで泡を入れる。レモンをしぼり、

焼き塩をかけながら。
塩ゆで卵　黄身がおいしい。
塩パンのカツサンド　ぶどう豚の薄いカツとベビーリーフをはさんで塩味で。
白菜のえごまサラダ　オレンジ白菜の芯に近いところを刻み、えごま油、酢、粗塩であえる。
かぶのナムル　かぶは皮ごと棒切り、葉は小口切りにする。菜種油でつぶしたにんにくを炒め、かぶを炒め、葉を加えて歯ごたえよく仕上げる。粗塩をふり混ぜ、ごまをたっぷり散らす。
鶏肉、かぼちゃ、玉ねぎの韓国風ロースト　前回の豚スペアリブ・鶏手羽先・れんこんの韓国焼き（271ページ）を坊ちゃんかぼちゃと玉ねぎで作ってみる。糸島の合わせみそと泡盛にしたら優しく食べやすい味になった。
納豆汁　豚ばら肉薄切りは細く刻む。たっぷりのねぎの白いところはみじん切りに、緑のところは小口切りにする。にんにくはみじん切りにし、白菜は繊維を断つように細く刻む。鍋に豚肉を入れて弱火にかけ、自身の脂で炒める（途中、火を弱めても鍋底が焦げそうな時は油を適宜足す）。鍋底がうっすら色づくまで炒めたら、ねぎの白いところとにんにくを加え、粗塩をふってさらにじっくりと炒める。いい香りがしてきたら、納豆を加えてさらに炒め、粘り気が少なくなってきたら白菜を入れて水をかぶるくらいに注ぐ。ふたをして強火にし、煮立ったらふたをずらして中

玉ねぎ

強火で煮る。汁が白濁してきたら味をみて、十分な旨味が出たところで火を止める。塩味をととのえて器に盛り、ねぎの青いところをのせて供する。

むかごごはん　米にもち米少々を足し、泰勝寺と糸島のむかごを入れて炊く。茶碗に盛ってから糸島の焼き塩をふる。

洋梨、柿

11月9日　くもり

菊いもが枯れたので掘り出してみる。小さないもがたくさんついていた。

かぶらのスパゲッティ　かぶの薄切り、にんにく、唐辛子、オリーブ油を鍋に入れ、じっくりと蒸し炒めにする。かぶの葉はパスタをゆでる鍋でゆで、刻んでかぶのソースに混ぜてさらにとろりとするまで煮る。葉のゆで汁でスパゲッティをゆで、熱々のソースであえる。

いろいろな青菜の梅酢あえ　いろいろな種類の青菜を塩をきかせてゆでる。ざるに広げて冷まし、しぼらずに食べよく切る。梅酢であえて器に盛り、たっぷりのおかかをかける。

さばの塩焼き　丸々太ったさば。九州に嫁いでよかったことのひとつがさばのおいしいことだ。刺身でさばが食べられるなんて天国。以前生焼けのさばに当たってのたうち回ったのも今となっては対岸の火事だ。魚屋へ行くとついさばばかり買うので、このお客はさばしか食べないのかと魚屋も思っているだろう。

大根おろし

五分づきごはん

けんちん汁　れんこん、さつまいも、坊ちゃんかぼちゃ、玉ねぎ、油揚げはすべてさいの目に切る。れんこんとさつまいもを菜種油で炒めたら、他の野菜を順に加える。酒を加え、いりこ、昆布、かつおぶしを袋に入れて水をかぶるくらいに注ぎ、一緒に煮る。野菜が柔らかくなり、甘みと香りがひとつにまとまったらみそを溶く。

大根のぬか漬け

むかごのバターしょうゆ炒め　椿が傘で撃ち落としたむかご。ごはんに入れると嫌がるので、今日は炒めてみる。菜種油で蒸し炒めにし、火が通ったらバター、しょうゆをからめる。熱々をごはんにのせるとおいしい。となるとむかご炒飯もおいしいに違いない。

11月12日　晴れ

朝から植木屋さん来る。玄関の前、工房との境、石垣の脇に裏庭の白山木を植えてもらう。つやつやと輝く赤い実と、整った筋目のある葉が美しい木だ。幹が曲がって伸びていた雪柳、所在なく生えていた梅花空木や紫陽花も場所を移してもらったら、どこかしっくり来ていなかった庭のそこここが、すとんとおさまった。夕飯は薪ストーブ料理。じゃがいもと玉ねぎはほとんど炭となったが、パンは思った以上に香ばしく、パンをあまり食べない椿がものすごい量をもくもくと食べた。あり合わせ野菜のスープも初めて食べるバーニャカウダも、とても好きだったようで、いつも以上に真剣に、これ以上ないというくらいおいしそうに食べてくれたのがうれしかった。

ケフィア
中国緑茶

葱油麺　たっぷりのねぎを小口切りにし、菜種油でこんがりするまで炒める。火を止めてしょうゆとごま油を加え混ぜる。釜揚げの島原うどんを鉢に盛り、熱々のねぎの油をかける。

れんこんと里いものクレーマ　れんこんと里いもは皮をむいてごく薄切りにし、水にさらさずに鍋に入れる。野菜のブロードと粗塩を入れ、ふたをしてごく柔らかくなるまで煮る。ブレンダーにかけ、ケフィアと牛乳を加えてほどよいとろみにする。ストーブの上でゆっくりと温め、もう一度ブレンダーにかけて泡を立ててから器に盛る。中心にマスカルポーネをひとさじのせ、さらにパルミジャーノをたっぷりと削る。冷蔵庫に残っていたれんこんの端切れと、木のボウルの底に隠れていた里いもと、終わりかけのケフィアが合わさってこんなにおいしいスープになるとは。マスカルポーネがよいアクセント。

平パン　強力粉、生種、はちみつ、塩、水をこねておく。オーブンシートを敷いたパイ皿にのし、30分ほどストーブの近くに置く。小麦粉を一面にふり、薪ストーブの上段で15分ほど焼く。庫内温度は160度くらいだろうか。上側がかなりこんがりとして、しっかり焼けた田舎パンの雰囲気。下側はぎりぎり焼けている感じだったので、パイ皿にはのせずに直接天板にのせた方がよいかもしれない。とはいえ意外にもおいしいパンで、スープとバーニャカウダをすくってひとかけらも残さず食べた。

バーニャカウダ　バーニャカウダ（作り方は84ページ）をストーブで熱々にしてパン、焼き野菜、生野菜、スクランブルエッグなどと食べる。

玉ねぎのロースト　ホイルに包み、薪ストーブで2時間も焼いた玉ねぎとじゃがいもはほとんど炭となったが、ほんの少しだけ残った玉ねぎの柔らかいところは夢のように甘くておいしい。

生野菜　かつお菜と春菊のつまみ菜、赤、黄色のパプリカ、赤かぶ。

スクランブルエッグ　フライパンをストーブの上にのせて十分に温めておく。卵を溶き、塩を少々混ぜる。フライパンにオリーブ油をたっぷりと入れて炒め、大きく混ぜながら半熟になったらすぐに皿に盛る。美味。ガスの火で作るよりも、ずっとおいしく感じたのは気のせいではないはずだ。

焼酎とミルクのゼリー

〈ゼリー〉
球磨焼酎　50g＋大さじ1
はちみつ　40g
牛乳　400g
板ゼラチン　4g
〈ソース〉
マスカルポーネ　40g
球磨焼酎　50gを大さじ1まで煮つめたもの
コンデンスミルク　10g
　栗みつ　少々
50グラムの焼酎を大さじ1まで煮つめ、はちみつと牛乳を加えて中火で煮る。ふやかした板ゼラチンの水気をしっかりとしぼって加えて溶かす。網で漉して氷水に当てながら冷まし、香りづけの生の焼酎を加え混ぜる。グラスに流し入れ、冷蔵庫で冷やし固める。マスカルポーネ、煮詰めた焼酎、コンデンスミルクを混ぜてゼリーの上に流し、栗みつをたらす。

11月17日　雨のちくもり

これといってすることもないので、切れて困っていた白熱球を探して歩く。一つ1000円、

2000円もする電球にはやはりなかなか手が伸びない。白熱球だからこそ得られる灯りの美しさが急に奪われてしまったようで無念だ。川べりのすすきが金色に光っている。夜遅くに散歩に出たがる椿を連れて庭を散歩。真っ暗闇の中、小さな明かりに照らされるもみじ。ぼんやりと光る苔。「ママにおみやげ！」ともみじのような手でもみじの葉を渡してくれて、家に帰るまで「ちゃんと持ってる？」と気にしている。子供の心は大切にしてあげなくてはいけない。

甘酒ミルク　甘酒を牛乳とともに温める。

柿、りんご

芥子菜としらすのうどん　かつおと昆布のだし、酒、薄口しょうゆ、塩で汁を作る。釜揚げの島原うどんを入れ、上に青々とゆでた芥子菜、しらすをのせる。

さわらの塩焼き　赤かぶのおろしと黄すだち。

白菜の柚子あえ　白菜をさっとゆでて軽くしぼり、刻む。柚子の千切り、酢、粗塩であえ、ごまをふる。

芥子菜の山椒しょうゆあえ　ゆでた芥子菜を刻み、山椒しょうゆ、ごま油、つぶしたにんにくであえ、ごまをふる。

ごはん

里いもとねぎのみそ汁

柿、りんご

11月18日　晴れ

市場で東京へ送る食材を買い込んで一息つく。苗木売り場を見渡すと、愛らしいウメモドキの小木を見つけたので迷わず連れて帰る。赤い実だけが残っていて、クリスマスツリーにしてもよさそうだ。家のハーブ畑で綺麗な葉を伸ばしているレモンマリーゴールドの苗がたくさん売られていたので、台所の窓の下にも植えてみようか。白山木の下には蛇いちごを移植する。東京への出発を前に、家族三人で薪ストーブの前で晩餐。こんな夜はいい。食後、椿と庭に散歩へ出る。今夜はとりわけ星がたくさん見える。東京に行ったらこんな空には出会えないと思うと、すでに心は家に戻ってきている。真夜中に掃除機をかけ、窓ガラスを磨き、花瓶に水を差す。食堂の棚の上には黄色い吹きガラスの花瓶をおき、白山木の枯れ枝に色とりどりのトンボ玉を吊るして挿し、クリスマスツリーを作ってみる。もみの木をあきらめてよかった。

甘酒ミルク
柿、りんご

セロリ炒めとしらすのあえうどん　菜種油でつぶしたにんにくを炒め、豚ばら肉の千切りを入れてさらに炒める。酒をふり、刻んだセロリの茎を入れ、塩麹で味つけし、セロリの葉を加えて火を止める。釜揚げの島原うどんを鉢に盛り、セロリ炒めをのせ、たっぷりと釜揚げしらすをのせ、ごまをふる。酢漬けの青唐辛子をかけながら食べる。

柿、みかん

平パン　阿蘇の強力粉250グラム、生種25グラム、メープルシロップ6グラム、塩4グラム、水110グラムをこねる。一次発酵後、平たくして上から小麦粉をふり、オーブンシートにのせ、薪ストーブのオーブンの上段で10分。上面がこげてしまったが、ガスオーブンでは適わない風味の良さ。

カリフラワーのラザーニャ

〈生地〉
強力粉　60g
水　30g
〈ソース〉
カリフラワー　120g
バター　6g
粗塩　適量
牛乳　240g
パルミジャーノ　20g
マスカルポーネ　20g

強力粉と水をなめらかになるまでこね、ボウルをかぶせて30分ほどおく。

打ち粉をしながら麺棒で薄く伸ばし、耐熱皿の大きさに合わせて切り、ラザーニャを作る。

生地を粗塩とオリーブ油少々を入れた湯でゆで、布の上に重ねないようにおく。

カリフラワーは粗みじん切りにして厚手鍋に入れ、バターと粗塩を加えてふたをして弱火にかける。

時々混ぜながら香りが強くなり、透き通るまで蒸し炒めにする。

牛乳を加えてひと煮立ちしたら、耐熱皿の底一面に薄く流す。

その後、ラザーニャ、ソース、パルミジャーノのすりおろし、ラザーニャ、ソース……を繰り返し、最後はソースとマスカルポーネで終える。

ストーブのオーブン上段で10分ほど、焦げ目がつくまで焼く。

鶏肉、ねぎ、カリフラワーのロースト　鶏手羽元、ねぎのぶつ切り、小房に分けたカリフラワーをオリーブ油、白ワイン、にんにく、粗塩、こしょう、ローズマリーの葉でマリネしておく。耐熱皿に入れ、ストーブオーブンの下段でしばらく焼いてから、上段でこんがりするまで焼く。

オレンジ白菜とセロリの芯のサラダ　それぞれ薄切りにして、オリーブ油、ワインビネガー、粗塩であえる。

りんご、柿

カリフラワー

11月22日　晴れ

南青山での料理会二日目。早めに家を出て豚肉にレモンをまぶしに行く。厨房入りまでだいぶ時間があったので、表参道を散歩する。ここでは木や、空の存在が希薄で、季節を照らす色がない。とはいえ、懐かしい珈琲屋、宝箱のような絵本屋などに足を踏み入れると、少しだけ心が和む。料理会は、今日はいろいろうまくいった。打ち上げは、深夜だというのにスタッフのみなさんで心づくしの手料理をたくさん用意して下さる。その心がうれしくて疲れなど飛んでゆく。最後には美しい真っ白なカシミアのストールの贈り物まで！

柿、ラ・フランス
温かい牛乳

・南青山の天ぷら屋
天丼　いかとねぎのかき揚げ、えび、あなご、わかさぎ、なす、かぼちゃ、さつまいも、玉ねぎ、いんげん、ごぼう
かき卵のみそ汁
漬け物（大根のぬか漬け、柴漬け、葉っぱの塩漬け）

・料理会のあと、シャンパン、白ワインで乾杯
かぼちゃの煮もの

里いものごま煮　里いもを薄味で炊き、練りごま、だしに使った昆布も混ぜてとろとろにする。
小松菜と揚げの煮びたし
のっぺ汁　にんじん、鶏肉、干ししいたけ、大根、ごぼう、せり、のっぺなど具だくさん。
干物ときゅうりの混ぜずし

11月25日　晴れ
大切な友の幸せな日のために料理をする。久しぶりに朝から夜まで厨房に立つ。綺麗な花嫁さん。パーティーを終え、家に帰ると佳代子さんがいらっしゃっている。いつも変わらぬ朗らかな笑顔に癒される。椿はおみやげにいただいたおやゆびひめの映画を見てご機嫌の様子。温かな夜。

ぶどうパン、イングリッシュマフィン
ホットミルク
柿

・花いっぱいのレストランで結婚パーティー
ウェルカム野菜ボード　生野菜とひともじのぐるぐるにナッツとみそのソースを添える。

パテと角切りパン　肉のパテを、角切りにした田舎パンのはじっことともに。
みかんのマリネ　白い筋をとったみかんを半分に切り、みかん汁、柚子汁、唐辛子、ライム漬けのはちみつ、レモングラスを混ぜた汁に漬けて一晩マリネする。出す時にオリーブ油と粗塩をふり、ざくろの実を散らす。
柿にテット・ド・モワンヌ　大秋柿をくし切りにし、オリーブ油、粗塩、こしょうをふり、専用の道具でひらひらに削ったテット・ド・モワンヌ（白きくらげさながら！）をのせる。
かつおのたたき・ねぎソース
生きくらげのマリネ
めひかりのフリット＋じゃがいものマッシュ　黄菊の花びらとからすみのすりおろしをかける。
豚肉のパプリカ煮　豚肩ロース塊はハーブ塩、ナツメグ、チポーレ（熟したハラペーニョを乾燥させて燻製にしたもの）、燻製パプリカ、シナモンのすりおろしをまぶしておく。刻んだ玉ねぎとにんにくをじっくり炒め、豚肉を焼く。赤ワインを注いで煮立てたら、トマト水煮、焼きパプリカの汁、粗塩、シナモンスティック、赤唐辛子を入れてじっくり煮る。一晩おき、甘みが薄かったので炒めた玉ねぎを足し、最後に焼いて皮をむいたパプリカを加える。ひと皿にふたつの塊の肉を盛ってしまったために、半分のお客様に行き渡らないという失態。申し訳ない。
香りのクスクス　全粒粉のクスクスを戻し、粗塩、ドライトマト、干し杏、レーズン、カシューナッツ、ピスタチオ（いずれも小さく刻む）、燻製パプリカ、オリーブ油、肉の煮汁を混ぜる。皿に山にして盛り、ねぎとミントのソース（ゆでたひともじの青いところ、カシューナッツ、ミント、塩、オリーブ油、水をミキサーでなめらかにする。パスタソースにもよさそうだ）をかける。
りんごのパイ
ウェディングケーキ　スポンジの間にカスタードを混ぜたクリームとみかんをはさむ。全体をクリームで塗り、スポンジのほろほろをまぶす。アイシングがけした名前入りのクッキーをのせ、たくさんの花で飾る。

・母のこしらえてくれた夕食
豚肉と野菜の鍋　しょうゆだしで油揚げ、里いも、ねぎ、豚しゃぶしゃぶ肉などを好きずきに煮る。
春菊の納豆あえ
漬け物いろいろ
柿、ラ・フランス

12月2日　東京はくもり、熊本は降り立つと雨
2週間ぶりのわが家はしんしんと冷える。暖房をいくらつけてもなかなか暖まらない。庭ではフランス柊の実がますます濃い赤に染まり、華やかなピンクの椿が咲き乱れている。夕刻、家族で散歩に

出るとメタセコイアの葉が橙色に染まり、雨に濡れた葉は深い森の匂いを伝えてくれる。思わず深呼吸をし、ふと心がほどけた。

・羽田空港
チャイ

・熊本空港からの帰り道のタイ料理屋
サラダ
パッタイ
いろいろな豆やさつまいもが入ったココナッツミルクの冷たいおしるこ
チャイ

・久しぶりの我が家
ブロッコリーと茎わかめの梅あえ　茎わかめは水にひたし、塩抜きをして刻み、さっと湯通しする。ブロッコリーは歯ごたえよくゆでて食べよく切る。ごま油、ちぎった梅干し、山椒しょうゆ、いりごまであえる。
白菜としいたけの塩麹鍋　白菜半個分は食べやすく切り、合間にしいたけの傘をはさみながら土鍋に入れる。塩麹とごま油をかける。豚ばら肉、鶏せせり肉、しいたけの軸を刻んで、たっぷりの酒、塩麹、ごま油、つぶしたにんにくと混ぜて、中央にこんもりとのせる。ふたをして中火で煮て、白菜がごく柔らかくなったら塩味をととのえ、肉の部分に花椒粉をふる。好みで豆板醬や青唐辛子の酢漬けをかける。
ごはん
大根と赤かぶのぬか漬け
柿、みかん

12月3日　くもり時々雨

冬空の下とはいえ、つい庭に足が向く。素手で土を触ることでしか得られない安心感から、料理をすることも忘れて（本当は忘れてはいないのだが誘惑には勝てない）手袋をつけずに土いじりをしてしまう。枯れ始めた樹々の足元にレモンマリーゴールド、ローマンカモミール、クリスマスローズ、しばらく鉢植えのまま放っておいたウメモドキを植える。手打ちパスタを作る前に爪の中に緑色の土が詰まるが、むしろ心地がよい。12月の教室の料理を試作する。

大根にアンチョビバター　大根は5ミリほどの輪切りにする。ピエモンテのバターを塗り、アンチョビをのせ、粗塩、こしょうをかける。
レモンのマルタリアーティ　強力粉：水＝2：1の生地にレモンの皮のすりおろしを加えてこねる。しばらく寝かせたら、打ち粉をしながら麺棒で均一な薄さに伸ばす。ピザローラーなどで一口大の乱切りにし、重ねないように広げておく。たっぷりの湯に粗塩を入れてほどよい固さにゆで、ざるに上げる。ゆでていた鍋に戻し、熱々のボッリートのスープ（レモン豚とかぶのボッリートのスープ。作り方は277ページ参照）をかぶるくらいに注いで強火で煮る。塩味をととのえて器に盛り、パルミジャーノとレモンの皮のすりおろしをかける。

レモン豚とかぶのボッリート　ソースにミントを入れなかったが、やはり入れた方がぐっとおいしい。

柿、みかん

チョコレート

烏龍茶

12月4日　晴れ

久しぶりに洗濯物を外に干す。椿が幼稚園でオシロイバナの種をもらい、気がついたら鼻の穴に詰めてしまって大騒ぎになる。が、病院に電話をしたら急を要さないと言うので、昼休みが終わるのを待って鼻に種をつめたまま教室のクリスマスの飾りをするのにつき合ってもらう。玄関には色とりどりのトンボ玉をぶら下げた枯れ枝を飾り、長い木の枝に赤い実のついたフランス柊とかつてナポリで買った子供の形のエクスボート（子供を授かりたいという祈りとともに教会に捧げた金属製のお札のようなもの。ナポリの骨董屋の店先で、ぎゅうぎゅう詰めの箱の中から十数枚を選んだ。一枚ずつ微妙に表情や形が違うのがいい。上に穴が空いているので毎年クリスマスのオーナメントとして使っているが、ばちは当たらないだろうか。十数枚のうちたった一枚だけが女の子の形をしていることに寂しさをおぼえる）を壁に立て掛ける。食堂の飾り台には冬色のポジャギを敷き、同じくエクスボートを吊るした枯れ枝を生ける。その後ようやく耳鼻科に赴き、大騒ぎの後、無事種を取り出してもらう。椿は大泣きしていたが、おかしくて笑いが止まらない。夕方遅くに戻ると、お歳暮にお茶漬けうなぎが届いている。ありがたくいただく。

甘酒ミルク

酸辣白菜スープ　一昨日の白菜鍋の残りにトマト、白菜漬け、青唐辛子の酢漬けを足して煮込む。
肉まん
蒸しブロッコリー

かぶと茎わかめの酢の物　新しょうがの酢漬け、塩もみしたかぶ、塩ぬきして湯通しした茎わかめを酢とだしであえる。

お茶漬けうなぎ
ほんのり甘い炒り卵　よく熱したフライパンに菜種油をたっぷり引き、きび砂糖、塩、酒を加えてざっと溶いた卵をふんわり焼く。

かぶと大根の葉のじゃこごま炒め　菜種油でつぶしたにんにく、ごま、ちりめんじゃこを炒り、刻んだ葉を入れて炒め、酒、粗塩をふる。意外にも椿がたくさん食べた。

油揚げとひらたけのみそ汁

ごはん
大根のぬか漬け
甘いみかん、すっぱいみかん

12月5日　くもり、夜は大雨
12月1回目の料理教室。クリスマスメニューにみなさん満足の様子。ほっとした。夜は昨夜届いたいのししを食べることにする。寒さと空腹に耐えた甲斐あり、大大満足の夕食。いのしし万歳。

蒸しマントウ　中にピーナッツバター、はちみつをはさんで蒸し、バターをつけて食べる。
甘酒ミルク
柿

いのししの炙り焼き　いのししのばら肉とロース肉（皮つき！）をなるべく薄く切り、よく熱したグリルパンであぶる。粗塩をふり、食べる。ひたすら食べる。時々柚子こしょうをつけるが、結局のところ塩以外は何もいらない。しかしこんな肉を食べると他の肉では物足りなくなってしまう。本当にいくらでも食べられる。椿には固いかと気に病んだが、心配御無用、まさに息もつかずに食べた。いつも欲しがるごはんには見向きもしない。味のわかる娘でうれしい。

散歩中に見つけた枝葉

白菜漬けの柚子あえ　白菜漬けを刻み､柚子の皮の千切りと柚子汁を加えてあえる。
ごはん
しし汁　炙り焼き用に切った肉の切れ端を使って作る。鍋に菜種油を引き、乱切りの大根、手で裂いたひらたけ、ささがきごぼうを炒める。熱湯を注ぎ、早煮昆布を入れて煮る。いのしし肉の切れ端を入れ、あくをとって酒を注ぎ、下仁田ねぎの乱切りをさっと煮て、みそを溶く。椀にもり、刻んだかぶの葉とへぎ柚子をのせる。
みかん
甘酒ミルク

12月6日　快晴
宮崎、綾へ郷土料理の取材に出る。足のすくむような鉄橋の吊り橋から眺めた深い森、地の底に流れる青い川、空高く旋回するクマタカ、こういう風景を目にするにつけ九州に辿り着いたことを幸福に思う。たとえそれが単なる畑の脇道であっても、都会の洗練とは一線を画す地に足のついた人々の暮しがあり、そこに心惹かれる。

飲むヨーグルト

・綾の郷土料理を習う
湯なます　さばの切り身を小さく切って油で炒め、千切りにした大根とにんじんを加えてさらに炒める。きび砂糖、薄口しょうゆ、酢でほんのり甘酸っぱく味つけし、ほぼ水気を飛ばす。さばがほんのりとしたこくを出してくれて、いい裏方になっている。

油みそ　脂身の多い豚ばら肉を小さなさいの目に切る。にんにく、しょうが、にらのみじん切り、ごまと一緒に炒め、きび砂糖、みそ、みりんまたは酒、しょうゆ少々（隠し味程度）で濃い味にする。沖縄で食べたものより、あっさりしてたくさん食べられる。

冬の冷や汁　すり鉢でかえりちりめん（背のそったちりめんじゃこ）、白ごま、練りごま、麦みそをする。温かい昆布だしは（夏は冷たくする）を加え、ほどよいとろみにする。雑穀ごはんにかけ、好みの野菜（青菜、きのこ、にんじんをゆでたもの、玉ねぎ、きゅうり、トマト）やわかめ、薬味（みょうが、しそ、柚子の皮など）などをのせてさらさらと食べる。一緒にとうふをすってもよいとのこと。食べる時に山いものすりおろしを加えると、こくが出てまたちがったおいしさ。冷や汁を温かくして温野菜を添えると、冬でも寒々しくない。野菜やわかめなどたくさんのせて食べると、本当に満足する。

にらの天ぷら　にらはざく切りにし、薄力粉、水、みそ、きび砂糖を溶いた衣をまぶす。少なめの揚げ油で揚げるが、みそと砂糖のせいでとても焦げやすい。揚げるのには熟練が必要。

12月9日　くもりのち晴れ

トマトソースのスパゲッティ　軽井沢から届いたトマトソースにオリーブ油を加えて温め、スパゲッティにあえる。夏の終わりに訪れた畑の豊かさが蘇る。

きのこのハーブソテー　つぶしたにんにく、下仁田ねぎの青いところを刻んでオリーブ油で炒める。手でちぎったひらたけときくらげを入れ、粗塩をふってさっと炒める。香りと塩気がなじんだら、コリアンダーとフェンネルを刻んで混ぜる。どちらも冬の寒さに負けず、ハーブ畑で健気に育っている。

チーズスクランブルエッグ　卵を溶き、パルミジャーノのすりおろしだけで味つけをする。よく熱したフライパンにオリーブ油を引き、ふんわりと炒る。きのこのハーブソテーに添える。

綾野菜のアグロドルチェ　綾の市場で買ったあやめかぶ、チモーニ（和名を忘れたが、イタリアではこう呼んでいた。綺麗な薄緑色の花先がとがったカリフラワー）、セロリの芯（中心のやわらかいところ）を歯ごたえが残る大きさに切る。オリーブ油でつぶしたにんにくを炒め、よい香りがしてきたら火を強め、野菜を順に入れてほどよく火を通す。きび砂糖とワインビネガーをふり、刻んだアンチョビを加え混ぜて火を止める。皿に盛り、刻んだセロリの葉をたっぷりと散らす。綾で習った「湯なます」からイメージをふくらませて作ってみた。

シュトーレン

昼過ぎに霰のような雪がざーざー音を立てて降った。初雪は突然訪れた。ハイジのような白いエプロンをつけた椿が曇天の下ではしゃぐ姿が愛らしい。夜、風呂の窓を開け放ってまた露天風呂遊びに興じる。湯船に寝そべりながら外を眺めると、あらゆるものが視界から消えて窓の形をした闇だけが浮かび上がって見える。ちらほらと舞う雪、夜の庭を支配する樹々の影。昼間の町中の喧噪が嘘のように、我が家は今夜も静かだ。椿の歓声だけが夜空にまで響きわたる。

甘酒ミルク
みかん

いのししみそ麺　讃岐うどんを釜揚げにし、熱々のいのししみそ（綾で習った油みそをしし肉で作り、くるみも加えた）、黒七味、豆板醬、ごま油をかけ、セロリ、白菜、コリアンダーを刻んでのせる。
冬野菜のアグロドルチェ
オレンジ、みかん

ぶり大根　ぶりのあらは霜降りにし、よく洗って血合いと鱗を落とす。大根は巨大だったので輪切りにしたものを4等分にしてから面取りする。米のとぎ汁で15分ほどぐつぐつとゆでてから洗う。鍋にしょうがの薄切り、水2カップ、酒1カップ、しょうゆ1/2カップ、きび砂糖大さじ2を煮立て、あらと大根を入れる。紙の落としぶたをして中強火で30分ぐつぐつと煮る。最後にみりん1/4カップを回しかけ、鍋底の汁がとろりとしたら器に盛る。急にぶり大根が食べたくなって作ってみた。上々の出来。

じゃがいもと昆布のみそ汁

柚子白菜　白菜は芯と葉に分けてさっと塩ゆでし、しっかりしぼる。柚子汁、柚子皮の千切り、粗塩であえる。

大根のぬか漬け

藁苞納豆

ごはん

柿、みかん

12月10日　冬晴れ

夕刻、川向こうの畑へ。黒落花生、冬になって虫食いの減ったキャベツ、パセリの苗をいただく。椿はほとんど眠りかけていたのに、寒風の中畑に出ると急に生き生きして、凍てつく畑の道を嬉々として駆け回っている。この子は、土の子だ。土手に落ちた熟れ柿を見つけ、小さな胸の中にいくつもいくつも抱えようとする健気さに心ほころぶ。夜、椿を抱いて庭に出ると空から星が降り注ぐようで、我が家の上にこんな世界が広がっていたことに今更ながら気づく。闇の中でうっすらと浮かぶ葉の落ちた樹々の線が、身震いするほど美しい。夕暮れ時に歩いたヴェルドゥーノの森を思い出し、切なくなる。

・安政町のとうふ料理屋
とうふや湯葉を使った料理いろいろ

いのしし肉のマルサラ煮　いのししのばら肉は、大きく切り分ける。刻んだ玉ねぎ、にんにく、セロリの葉と、カルダモン、クローブ、シナモンスティック、粒こしょう、唐辛子を入れてマルサラをかぶるほど注ぎ、二晩冷蔵庫でつけておく。鋳物鍋を熱してオリーブ油を少々入れ、つけておいた肉をじっくり焼く。焼き色がついたら、玉ねぎ、にんじん、セロリのみじん切りをたっぷりと加え、粗塩をふり、ふたをして蒸し焼きにする。野菜が透き通って甘い香りが辺り一面に漂ってきたら、つけ汁を入れて煮立てる。あくをすくい、トマトソースを入れたらふたをして弱火でしばらく煮る。丸ごとのあやめかぶ、にんじんを加えてしばらくしてから味を見ると、かぶのおいしさがもう出てきていてうれしくなる。その後しばらくして畑へ出かけることになったので、オーブンに移して160度で1時間ほど蒸し焼きにした。これが功を奏し、肉も野菜もふんわり煮えて上々。さらにロマネスコを大ぶりに切って加え、1時間ほど煮る。

香りのクスクス　全粒粉のクスクスに同量の熱湯、マルサラ煮の煮汁少々、粗塩、ドライトマト、干し杏を刻んだもの、燻製パプリカ、韓国の粉唐辛子を混ぜる。5分ほど蒸らし、ボウルに移して10分蒸す。熱々を器に盛り、香ばしく炒ったくるみ、コリアンダー、イタリアンパセリ、ブラックペパーミントのみじん切りをたっぷり散らす。いのししの煮込みを鍋ごと食卓にのせ、クスクスに肉、野菜、汁をかけて食べる。すばらしい！　冬の定番がまた生まれた。
白菜のフェンネル風味　白菜は刻んで塩もみし、しっかりしぼってレモン汁、刻んだフェンネルシードとフェンネルの葉であえる。
ラミ・デュ・シャンベルタン
クラッカー
干し柿
ゆで生落花生
マドレーヌもどき
チョコレートのテリーヌの残り

12月12日　くもり
今年最後の料理教室。昨日、熊本に来てから流れ星を見たことがないと話していたら、庭で大きな大きな流れ星を見て思わず飛び跳ねた！（あとになってふたご座流星群が来ていたことを知った）
蒸しぶどうくるみパン、蒸しマントウ　バター
柿

・熊本で最愛のレストランにて、椿と女二人の小さな年忘れの会
からすみ、いちご、かぶの魚醤漬け
ホワイトアスパラガス、いんげん、トマト、アワビの肝煮
キヌガサダケのスープ
ステーキカレー（肩ロース）
バターライス
もやしのサラダ
マロンパイ
紅茶

12月14日　晴れ

朝、恐る恐る庭をのぞくと、昨晩見た黒い塊はやはり鳥の亡骸だった。雨の中、引き続きハーブ畑の手入れをする。コリアンダーは植えても植えても多すぎるということはない。赤いチコリに可憐な紫の花が咲くことを知り、一苗植えてみたが花を咲かせてあげることができるだろうか。一向に埒を這わないアケビを移植。来年こそは天に上る姿が見たいものだ。夜は、久しぶりにテラスで食事をする。薪ストーブの火はなかなか思うようにいかない。

ケフィア　梅ジャム
紅茶　はちみつ

卵とチーズのリングイネ　卵を溶き、パルミジャーノ、塩を混ぜる。ほどよい固さにゆでたリングイネをバター、卵液であえてとろりとさせる。上からさらにパルミジャーノをたっぷりとすりおろす。

ココアに焼きメレンゲ　黒糖、ココア、牛乳を煮る。茶碗に注ぎ、焼きメレンゲをのせる。この前ココアを作った時に「いいこと思いついた！」と言いながら焼きメレンゲをのせてあげたら、椿がそれ以来ココアを作るたびに「いいこと思いついて！」とせがむのが可愛い。

五変化鍋　白菜、ごま油、酒、塩→豚ばら肉、塩麹→ブロッコリー、豚ばら肉→キャベツ、豚ばら肉→豆乳、豚ばら肉、春菊の抜き菜。薪ストーブの上に土鍋をのせてこのような順番で具や調味料を入れ、じっくりと蒸し煮にしては食べきり、次の具材を入れては食べきる。肉は煮えばなをすかさず取り、だしがらにならないように神経をとがらせる。塩麹を入れたせいか少し鍋が焦げたが、そのまま豆乳を注いだらうまみたっぷりの汁になった。豆乳だけの水分が具合よく、鍋に煮だしたうまみを豆乳がすべて吸ってくれるし、肉もとろりと煮えてよいフィナーレとなった。

落花生ごはん　米、もち米、落花生（大落花生、黒落花生）、酒、塩を炊く。

干大根の柚子漬け

ビクトリアケーキ、フルーツケーキ

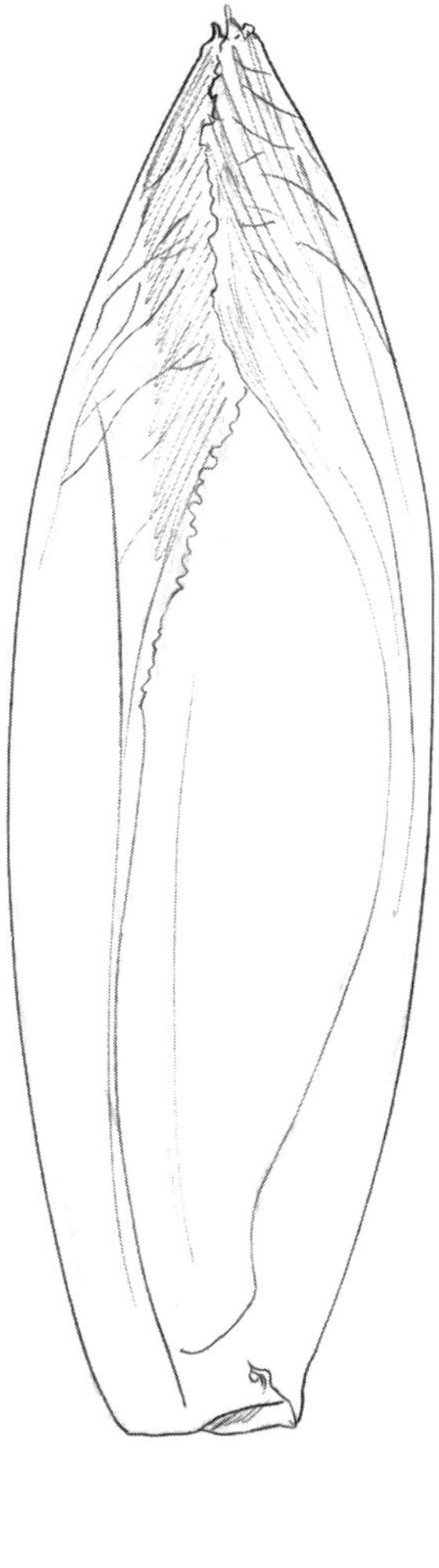

チコリ

スパイスティー

12月15日　雨、雨、雨

よく降る。久しぶりに寒さの中にも生暖かい湿度を感じる。朝から薪ストーブを炊く。家も自分も芯から暖まる。ストーブを炊くとなぜだか音楽が聞きたくなる。テラスに敷いたギャベに座って空の方を眺めると、普段は目に入ってこない樹々の枝や椿のたわわな花弁が重なり合い、何と美しいことだろう。葉が落ちきったコブシや楓の枝先にまあるい雨粒が所狭しとぶら下がっている。落葉樹の愛すべきところは、葉がない時に見せてくれるシルエットそのもののような気がする。夕方、明日のクリスマス会のためのいのししを煮込み始める。一昨日、我が家で一番大きな鍋に骨つきのすね肉を入れ、玉ねぎ、にんじん、セロリ、にんにく、トマト、黒砂糖で煮た梅酒の青梅、カルダモン、シナモン、クローブ、赤唐辛子、粗塩、赤ワイン、白ワイン、米焼酎、泡盛（要は家にあった酒類をあれやこれや）につけておいた。肉が大きすぎてすね骨が鍋の外にはみ出てしまったが、野菜の乱切りで全体を覆って何とか取り繕う。さて、パーティー前日の今日、肉をいったんこんがりと焼きたかったが、ほかに大きい鍋がなかったので、とりあえずそのまま煮込み始める。野菜と酒だけでは水分が足りず、水を足しつつ、時々裏返しながら煮てゆく。なんとも甘く香しい。石のように固い肉は一体いつ柔らかくなるのだろう。夜は椿と二人、テラスでありあわせの夕食。こんな時間がしみじみとうれしい。

紅茶
ケフィア　梅ジャム、はちみつ

・「料理の味が決まらない」という質問に答えるための料理の撮影

高菜の蒸し煮　1本ずつ芯からはずした高菜の葉は切らずにそのまま、赤ねぎの青いところ、オリーブ油、唐辛子、粗塩を巨大な鋳物鍋に入れ、薪ストーブの上でじっくりと蒸し煮にする。

高菜のサラダ　高菜の柔らかな芯だけを選び、切れないナイフで切った赤ねぎの赤いところと一緒にオリーブ油、クレタのビネガー、粗塩の順にあえる。

黄色いスープ　昨夜からストーブの上で煮ておいた。黄色いプチトマト、皮をむいたかぼちゃとサラダ玉ねぎは乱切りにし、オリーブ油、粗塩をまぶして鋳物鍋で蒸し煮にする。塩麹も少しだけ余っていたので入れた。今朝また煮返して野菜の芯が完全になくなり、渾然一体となったところで器に盛り、オリーブ油を回しかける。まずいはずがない。

くるみとぶどうのパン

白菜の蒸し煮　ついに白菜の芯に近いところを食べられる日を迎えた。何という贅沢。白菜もキャベツもセロリも、ここまで辿り着くのがいつも楽しみでならない。適当にちぎって鍋に入れ、赤ねぎ、細長い唐辛子、えごま油、粗塩を加えてふたをし、熾き火になったストーブの上で蒸し煮にしてみる。えごま油であえた生の白菜サラダもすばらしいが、これはまたちょっと信じがたい味わいだ。

残りものの冷や汁にだしをして汁ものに
目玉焼き　しょうゆ
塩のり
ごはん
大根のぬか漬け

12月16日　晴れ

暖房がいらないほどの暖かさ。夕方ようやくストーブに火を灯したが、何とも過ごしやすい。夜は一足早くクリスマスの会。料理やお菓子は持ち寄りで、ごちそうの入った大鍋やら籠やらを手に、三々五々みなが集まってくる風景はますます気持ちを温めてくれる。いつもはがらんどうの我が家が華やぎ、うれしい限りだ。

肉まん　豆板醬、青唐辛子酢
マントウ　ミルクジャム、バター、ピーナッツバター
糸島の海の幸いろいろ　焼き牡蠣、穴子のフリット、鯛のサラダ、菜花とたこの温かいサラダ
子供ハンバーガー
アボカドとトマトのサラダ

バケット、カンパーニュ
キッシュ2種
里いものクリーム煮
いのししのすね肉の煮込み　さて、昨夜寝る前にようやく骨を抜いて鋳物鍋におさまるようになった肉の塊と、同じく鍋におさまるように煮詰めた汁。皮は透明感が出てきたが、肉はまだまだ固い。この前ばら肉を煮た時に低温のオーブンで鍋ごと焼いたらふっくら煮えたので、今日も鍋をオーブンに入れることにする。とはいえ鍋が大きすぎてオーブンの底が抜けるのではないかと心配になる。150度のオーブンで焼くことと4時間、さらに薪ストーブの上で3時間、かれこれ15時間くらい煮ただろうか。出来映えは……上々。みなの歓声が上がり、余った分も大喜びでそれぞれの家に持ち帰ってくれた。ここまで最後が見えない料理を作ったのも久しぶりだったが、おいしく出来上がった時の喜びはひとしお。あらゆる酒、スパイスのもつ強烈な個性が抜けて、時間がほどよい調和へと導いてくれた。
モンドール　とろとろのすばらしい熟成加減。
くまの形のクリスマスケーキ　子供たちの目が輝く。
ベイクドチーズケーキ
いちご、ラ・フランス
果物チップス

12月17日　くもり

食堂の窓の外の蛇いちごはだいぶ枯れてきたが、ハーブ畑は新しく植えた苗がこの数日の温かさで元気な緑の葉を伸ばしている。夜、もちつきやおせち料理のことを少しずつ考え始める。今夜もストーブ料理。窯場から帰る護光さんから「体が温まる汁物を頼む！」とのメッセージを受け、毎年年の瀬が近づくとたくさん届く甘いねぎでみそ汁を作ることにする。糸島みやげの鯛は鯛飯にしてみよう。子供の頃、いつからか元旦の夜の定番は鯛飯になった。年末になると母が漬けてくれる大好物の白菜漬けが年が明けて少し酸っぱくなってきた頃、一枚ずつ広げて鯛とみつばの香りでいっぱいのごはんを巻いて食べる口福。私にとっては、おせち料理以上に新しい年の訪れを感じさせてくれる料理だった。今日はまだ12月も半ば。少し気が早いがまあいいだろう。しかし、今日はあのすっぱい白菜漬けがないことが非常に悔やまれる。

シュトーレン　スパイスが強くなく、香ばしくてとてもおいしい。あっという間にほとんど食べた。

水晶文旦

ケフィア　いちごジャム、梅ジャム

紅茶

キャベツの酢油しょうゆ蒸し　大ぶりに切ったキャベツ、にんにく、赤唐辛子、酢、しょうゆ、酒、菜種油を鋳物鍋に入れて蒸し煮にする。とろりとしたらごま油、梅干しの汁、ごまを入れてあえる。いつもの塩味の蒸し煮とはまたちがったおいしさ。
焼きねぎのみそ汁　太いねぎは一人1本使う。泥つき、根っこつきのまま薪ストーブの炉内に入れて炎にかざして黒くなるまで焼く。黒い皮をむいて（焦げ色はほどよく残す）斜めに切り、雲南の片手土鍋に入れる。昆布とかつおのだしを入れ、ふたをしてゆっくり煮る。熟成した米みそを溶く。
鯛飯　鯛はそぎ切りにするか丸のままか悩んだが、綺麗な鯛だったので今日は丸ごと土鍋で炊くことにする。鯛は胴に切り込みを入れ、粗塩をふってしばらくおく。オーブンの炉内で炙ろうと思ったら、網から炎の中に墜落してひやりとする。気を取り直してストーブのオーブンに入れ、焼き目がついたところで取り出す。土鍋に洗った米ともち米、水、酒、薄口しょうゆを入れて混ぜ、ほどよい味にしたところで昆布を入れ、鯛をのせて炊く。炊きあがったら鯛の身とごはんを混ぜ、玄関先で摘んだ香菜、セロリのみじん切り、青ねぎの刻んだの、柚子皮の千切りを好みでのせて食べる。
塩のり
レモン大根　棒切りにした大根に塩をまぶし、レモン汁をしぼって一夜漬けにする。
大根のぬか漬け
ドライフルーツのタルト、シュトーレン
ミルクティー

12月18日　くもり

また寒い冬に逆戻りだろうか。夜になると薪ストーブで料理がしたくなり、うずうずしてくる。おんぼろのバタフライテーブルに臙脂色のインド更紗をかけ、椅子を並べるとテラスでの食事もだいぶ居心地がよくなった。

紅茶
シュトーレンのはしっこ　バター

ミルクシチュー　鶏もも肉は切らずに粗塩をしっかりとまぶす。オリーブ油を引いた鋳物鍋に入れ、かぶるくらいの水を注ぐ。上からかぶ（丸ごと、皮つき）、ねぎ、雪茸を入れ、ねぎの青いところとオレガノの枝で落としぶたをしてふたをしてストーブの上で煮る。煮立ってきたら下のオーブンに移し、１５０度くらいを保つように薪をくべながら1時間ほど煮る。別の小鍋でバターと小麦粉を炒め、牛乳を加えて煮立てて白いルーを作る。肉の鍋からねぎの青いところとオレガノをのぞき、ルーを加えてスープと混ぜる。思い出のクリームシチューを作ろうと思ったが、生クリームがなかったのであっさりとしたミルクシチューになった。が、これはこれでなかなかおいしい。また作ろう。
高菜のサラダ　高菜の中心のやわらかいところのみをオリーブ油、粗塩、レモン汁で優しくあえる。

全粒粉のパン

12月20日　晴れ

明日から神戸。もちつきのもち米、きなこを買っておく。1週間留守にするので大掃除。薪ストーブのガラス窓のすすも綺麗に拭き取って晴れ晴れ。

フルーツケーキ
紅茶

カレーつけうどん　カレーうどんの残り汁に一昨日のミルクシチューの汁を加えて煮る。ほうとうを釜揚げにし、カレー汁につけながら食べる。
夕べの高菜の蒸し煮
焼きモンブラン

トマトのニョッケッティ　阿蘇の強力粉、水をこねて生地を作る。一緒にこねたくてうずうずしている椿に催促され、少しだけ生地を渡してあげると嬉々として生地と戯れている。細いひも状に伸ばしてから小さく切り、ニョッケッティの板（かまぼこ板くらいの大きさの板にしましまの筋目が彫られていて、生地を転がすと表面に縞模様がつく。これがない時は巻きすを使うとよいことに気がついたのは、我れながらなかなかの発見だったと思う。専用の板と同じような縞目もつけられるし、のせたまま生地を乾かしておけるし、さらにそのままゆでる鍋のところまで持って行けるので一石三鳥）を取り出す。２枚あるので椿にも１枚。そうそううまく形にはならないが、それでもやる気満々で飽きることなく生地と格闘し続ける様子には拍手を送りたい。季節外れのトマトがあったので大きなにんにく、オリーブ油、粗塩と一緒に使い慣れない琺瑯引きの鍋に入れ、ストーブの上で煮込んでいたら、パスタを作っている間にストーブの上が３００度以上になっていてすっかり焦げた。気を取り直し、急遽軽井沢のトマトソースにオリーブ油を混ぜて温め、ゆでたニョッケッティとあえる。

野菜のレモン蒸し焼き　皮を剝がれたレモンがたくさんあったので、あり合わせの野菜で作ってみた。鋳物鍋にねぎ、サラダ玉ねぎ、かぼちゃ、キャベツを大きく切って入れ、オリーブ油、粗塩、レモン汁でまぶす。ねぎの青いところで落としぶたをするように被い、ふたをしてストーブの上でまず煮て、温度が上がってきたら下のオーブンに移してじっくり煮る。ビネガーで蒸し焼きにしたことはあったが、レモンを使うのは思えば初めてだった。煮汁もおいしく、いい料理だ。

スクランブルエッグにバーニャカウダ　鉄のフライパンはストーブの上でじっくり温めておく。卵、塩、牛乳少々を溶き、オリーブ油を引いてふんわり炒る。食卓で熱々のバーニャカウダをかける。

チーズナン

ドライフルーツのタルト
鹿児島の栗とさつまいものお菓子
烏龍茶

12月27日　くもり
神戸から京都へ。胃も体も疲れた朝、ゆっくりと起きる。佳代子さん、椿と動物園へ。観覧車に乗ったり、象を眺めたり、平和だ。寺町通りで古代ガラスのネックレスと、骨董街の古裂屋で美しい堺更紗の大布を見つける。久しぶりに心躍る物との出会い。

・姉小路の喫茶室
サンドウィッチ（クミン入りスクランブルエッグ、きゅうりと辛子マヨネーズ）
ロイヤルミルクティー
そばぼうろ

・初めて訪れた祇園の料理屋　器も料理も空間も心地よい。好きな店ができた。
白みそ雑煮　揚げもち、菜の花のおひたし入り。上から天日干しの山椒。
ぶり刺身　辛味大根のすりおろし、大根の鬼おろし
のどぐろ炭焼き
野菜の炊き合わせ　金時にんじん、聖護院大根、海老いも、京菜。白みそと練りご

まのペーストをたっぷりのせて。
牡蠣フライ　青い実山椒入りのウスターソースとマヨネーズ（マヨネーズの実山椒は細かく挽いてある）
白菜とお揚げの炊き合わせ　お揚げは一度香ばしくあぶってから刻み、白菜と炊く。これだけでひと味以上変わる。上から炒りごまをひねってふる。
鯖サンド　薄いサンドウィッチパンをこんがり焼き、マヨネーズを塗り、しめ鯖、すぐきの実の部分、しその葉をはさむ。新しいのに何とも京都らしい。
土鍋ごはん
赤かぶ漬け、炒めたすぐき葉漬け
白菜の赤出し

・四条通のバー
ジントニック

12月28日　くもりのち雨
　長かった旅も今日で終わる。京都最後の朝、自転車を借り、一人で町へ繰り出す。いつもの店でカフェオレとフレンチトーストを食べ、市場へ出かける。ごまめや青のり、粉辛子、かつおぶし、生麩、赤出しみそを買った帰り道、冷たい雨がちらほらと降り出し、いまにも雪に変わりそうな寒さに身がちぢむ。その後、官休庵のおもちつきに伺う。椿は小さくちぎってきな粉砂糖にまぶしたおもちがいたく気に入った様子で、もっともっととせがむ。茶室で冬のお菓子とお茶をいただき、今年で三年目となった師走の京都訪問も穏やかに幕を閉じる。凍える体をにしんそばで温め、駅へ。人でごった返す駅や新幹線もなぜかそれほど嫌に感じないのは家路につくことの嬉しさからか。降り立った熊本駅は拍子抜けするほど暖かく、〝露天風呂〟から望む藪椿の花はいつしか満開となっていた。

・境町通の喫茶店
カフェオレ
フレンチトースト

・官休庵
おもち（辛みもち、きなこもち、あんころもち）

・府立植物園近くのそば屋
にしんそば　見たこともないほど大きなにしん。数十時間も炊いたものだそう。

・子飼商店街のカレー屋
コーンスープ
レッドカレーとブラックカレー
角切りサラダ

12月29日　晴れ

陽がのぼり、久しぶりに庭側の障子を開ける時のなんという心の高ぶり！　最愛の柘榴の老木がただそこにあり、自分がこの家からそれを眺められるというだけで、他に求めるものなど何もない。朝から市場へ出かけ、正月の買い出しをする。人混みに耐えられず、いつもよりも手短かに買い物をすませる。昼にはパスタをゆで、もちつきの米を研ぎ、薪ストーブの火を入れて夕食の支度をし、クリスマスの飾りを片付け、旅の間にたまった洗濯をして寝床につく。心なしか家族みな心が晴れ晴れとして、長い旅からいろいろな意味で解放されたことに気づく。夜は椿の強いリクエストでテラスで夕食。京都から持ち帰ったあれこれで、待ちこがれた家での粗食。

へしこのスパゲッティ　へしこはぬかを洗い、皮をはいで骨を抜き、薄切りにする。にんにくの薄切り、赤唐辛子、オリーブ油を平鍋に入れて弱火で炒める。にんにくがうっすら色づき始めたら火を止めてへしこを入れ、余熱で炒める。もう一度弱火にかけ、全体をつぶすようにして炒め、白ワインをふる。火を強めてアルコールを飛ばし、固めにゆでたスパゲッティとフェンネル、イタリアンパセリ、ひともじの粗みじん切りをたっぷりと、粗挽きの韓国赤唐辛子を少々入れてあえる。ゆで汁で適当なとろみをつけ、火を止めてオリーブ油を混ぜる。へしこの塩味が強いので、パスタのゆで汁の塩は極力薄くする。へしこは我が家ではごはんや酒のお供ではなく、いつもスパゲッティの具になる。フェンネルとは好相性で、シチリアの味や香りをイメージしながら作るとうまくいく。いつだったか松の実と干しぶどうを組み

合わせたのもおいしかった。

京都のお揚げの炙り　薪の香ばしさを残したり、強い火で炙るような料理をしてみたくて薪ストーブの炉内に置く五徳を注文しておいたのが、留守中に届いていた。五徳に網をのせ、お揚げを炙る。弱火で炙ったらカリカリになりジューシーさはなくなってしまったが、ほんのりついた炭の香りで冷めてからも香しい。焼きたてにしょうゆをかける。

春菊の間引き菜の酢あえ　菜種油、酢、粗塩であえる。お揚げとともに。

目玉焼き　薪ストーブの上で極上の菜種油で焼く目玉焼きは立派なごちそうになる。とにかくしっかりとフライパンを熱し、縁がほんのりきつね色になってちぢれるくらいまで焼く。一つ目は粗塩、二つ目はしょうゆで。

下仁田ねぎと生麩のみそ汁　昆布とかつおのだしで下仁田ねぎのぶつ切り、粟麩、よもぎ麩を炊き、米みそを溶く。もち好きの椿は案の定麩も好きなようで、ひたすら麩ばかり食べた。

祇園の漬け物　千枚漬け、しば漬け（といっても丸ごとのきゅうりをしそとしょうがで漬けた緑の漬けもの）、赤かぶ漬け

ごはん

みかん、熟れ柿

フィナンシェ

12月30日　雨

もちつき。あいにくの雨。今年は20キロのもち米を20人ほどでつく。泰勝寺の皆も今日で仕事納め、みなさん今年もありがとうございます。夕暮れ時、庭に出て正月用の花を切る。臘梅は床の間に、白い侘助はテラスの白壁に。もち花は柳の枝がなかったので、しだれ桜の枝でしのぎ、居間のガラスの壺にさす。小さく丸めた白もちをたずさえた枝は、まるで部屋の中に初雪が積もったようだ。

オレンジ入りバターケーキ

紅茶

もち　きな粉もち、からみもち、納豆もち

粕汁　湯を沸かして荒巻鮭のあら、昆布、大根、かぶ、庭のかぼちゃ、ねぎ、酒を入れて炊き、酒粕、麦みそを溶く。

みかん

ブロッコリーのオレッキエッテ　畑のブロッコリーとスティックセニョールが立派に育った。霧雨の中、ブロッコリーを収穫して椿と一緒にオレッキエッテを作る（作り方は146、240ページ）。いつものように台所に並んで私は大きな生地、椿は小さな生地を同じ台の上でこねる。2歳とはいえ、なかなかいい手つきだ。ひも状に伸ばすところまでは一緒にやり、オレッキエッテにする作業は私が担当。湯を沸かしてブロッ

コリーとスティックセニョールを柔らかくゆで、取り出す。つぶしたにんにくと赤唐辛子をオリーブ油で炒め、香りが立ったらゆでた野菜を入れてへらでざっとつぶし、しばらく炒める。ゆで汁とアンチョビを加えて味をととのえておく。野菜をゆでた湯でオレッキエッテをゆで、熱々のソースでよくあえる。プーリアで過ごした日々が蘇る、会心の出来。呑みに出かける護光さんが羨ましそうに横目で眺めたので、少しだけお裾分けした。椿はここのところソースなしのパスタがいいようで、せっかく作ったソースが全部私に回ってきたのは残念。

金時にんじんとねぎのトマト煮　鋳物鍋に鍋の大きさに合わせて切ったねぎ、金時にんじん（皮はむかない）、オリーブ油、粗塩少々、水少々を入れて蒸し煮にする。柔らかくなったらトマトソースを加えてさらに煮る。なじんだらふたを取り、しばらく弱火で煮る。にんじんもねぎもとろけるように煮えた。金時にんじんはトマトと怖いくらいに合う。

ぶどう酵母で作ったパン

いちごミルク

みかん

12月31日　くもり

昨日ついた豆もちを切り分け、忘れていたあれこれを買い、夕刻、今年最後の森の散歩に出かける。クロガネモチや藪椿の赤。樹々の根元を覆う枯れ色の葉や枝の重なり。この森はいつ来ても多くを与えてくれる。夜はそばだけで質素に、と思っていたら、ぶりや車えびが届き、結局ごちそうと相成った。ぶりの刺身とお座敷天ぷらとたっぷりのそばでお腹がちくちく。椿も刺身、天ぷら、そば、どれもお気に召した様子。気がつけば除夜の鐘も聞かぬまま、あっさり年を越してしまった。

ねぎのリングイネ　少し葉先が枯れてきたが、まだまだみずみずしいねぎを白いところも青いところも斜め切りにし、鋳物鍋にバターと粗塩と入れて蒸し煮にする。緑のところが色鮮やかになり、ほんのり歯ごたえが残るくらいで火を止め、余熱で蒸らす。リングイネをゆで、ゆで汁も加えて温めたねぎのソースであえ、最後にバターを落として溶かす。北イタリアのおいしいバターと南イタリアのおいしいパスタで極上の味。こしょうとチーズを添えたものの、必要なかった。

デコポン（初物）
チョコレート

ぶりの刺身　さらしねぎ（ねぎの白いところを小口に刻んでさらして軽くしぼる）、辛味大根おろし、しょうゆとともに。
ぶりの柑橘じめ　刺身をさくのままレモンと柚子のしぼり汁、塩を混ぜたところに漬ける。刺身と同様に食べるとおいしい。
お座敷天ぷら　〈衣〉ふるった薄力粉、片栗粉を各1/2カップ、冷水約1カップ〈具〉栗麩、よもぎ麩、ごぼうの千切り、さつまいもの輪切り、えび、えびとねぎのかき

揚げ　〈油〉菜種油とオリーブ油
もりそば
いちご

1月1日　晴れのちくもり

3年ぶりに迎える熊本での元旦。朝から薪ストーブに火を入れる。太い丸太はゆっくり燃えてせわしくない。我流の雑煮と祝三肴《いわいさんこう》で静かに祝杯をあげる。午後、ご祠堂と公園のご先祖様にお参り。夜は、一人暮らしの友を招いておせち料理を囲む。梅の花の蒔絵が愛らしいお重に熊本らしさを意識して作った料理をあれこれ盛り、のんびりとつまむ。これからあと何十年、私はどんな正月を迎え、どんなおせち料理を作ってゆくのだろう。

叩き菜の雑煮　この日のために育てた春菊とかつお菜、庭に自生する芥子菜を塩ゆでして細かく叩く。もちは薪ストーブの炉内で炙る。もちを菜っ葉のゆで汁に入れ、弱火で柔らかくゆでたら、叩き菜を盛った椀に入れる。おいしいかつおぶしと昆布で取っただしに酒、塩を加えてひと煮立ちさせ、しょうゆ少々で香りをつけたつゆを張り、へぎ柚子をあしらう。他の料理が変わっても、この雑煮だけはきっとずっと変わらない。

神楽坂から毎年届く黒豆

数の子　数の子は塩水で塩抜きをし、薄皮をむいてから薄口しょうゆ、塩、酒を加えてひと煮立ちさせただしを冷ました汁に二晩漬けておく。手で割り、糸かつおをかける。

田作り　ごまめはわたを取り、低温のオーブンでカリッとするまで炒る。中華鍋でごまを香ばしく炒り、しょうゆ、酒、みりん、唐辛子を煮立てたところにごまめを入れてあえる。

高千穂の栗きんとん

抹茶

【おせち料理】

このしろの酢じめ

　このしろ

　塩、酢

このしろは三枚おろしにし、塩をふり30分ほど置く。塩水で塩を洗い、水気を拭いてバットに並べ、酢をひたひたにかける。途中で上下を返し、身が白っぽくなるまで置いたら、漬け酢を捨ててラップをぴったりと張り付けて冷蔵する。

辛子れんこん

　れんこん　中2ふし

　粉辛子　大さじ1

水　大さじ1
麦みそ　100g
〈衣〉
空豆粉　20g
薄力粉　50g
くちなし　2個
水　70g
菜種油

元旦の朝、ご祠堂の前のくちなしの木の黄色い実を摘む。

れんこんは皮はむかずに酢を落とした湯で10分ほどゆでる。

串が通るくらいになったらざるに立てておき、水気を切る。

粉辛子と水を溶き、麦みそと混ぜておく。

辛子みそを入れた器にれんこんを押し付け、すべての穴からみそがはみ出すまで詰める。

再びざるに立てておき、段々とはみ出てくるみそを拭ってラップで包み、一晩冷蔵庫でねかせる。

空豆粉、薄力粉、くちなしを割ってひたした黄色い水を混ぜて衣を作る。

曲げた太い針金を穴に通し、れんこんに衣をたっぷりとまぶす。

揚げ油を熱し、針金を持ってれんこんを回しながら中温でゆっくりと揚げる。

揚げ鍋は口径が小さいものにし、鍋を傾けながら揚げるとよい。
衣は一度揚げてからもう一度つけるとふんわりとつくように思った。

ひともじのぐるぐる

　ひともじ
　塩
〈辛子みそ〉
　麦みそ、粉辛子、酢、みりん、きび砂糖
ひともじは細いものを選んでさっと塩ゆでし、冷水に取ってしぼる。
白いところに緑のところをぐるりと巻き付ける。
調味料を混ぜてほんのり甘酸っぱい辛子みそを作り、ひともじにかけて供する。

酢だこ

　刺身用ゆでだこ（天草のもの）
〈漬け酢〉
　酢、塩、柚子皮
たこはさっと洗い、水分を拭く。
たこの足は切らずに酢、塩、柚子皮の千切りを混ぜた漬け汁に浸す。
時々返しながら二晩ほどおき、味をなじませる。

薄切りにし、へぎ柚子をあしらう。

馬肉のたたき

　馬赤身肉塊

　菜種油

　山椒しょうゆ

　山椒こしょう

馬赤身肉の塊は室温に戻しておく。

フライパンをよく熱して菜種油少々を引き、中弱火で全体をこんがりと焼く。

焼き立てを山椒しょうゆ（実山椒をしょうゆと酒に漬けたもの）と山椒こしょうを混ぜたところにつけ、時々返しながら味をなじませる。

薄切りにして供する。

生きくらげのしょうゆ炒め

　生きくらげ

　ごま油

　しょうゆ

生きくらげは手で食べやすくちぎる。

ごま油でさっと炒め、油が十分になじんでプリッとしてきたらしょうゆを加えて煎り付ける。

おせち料理でなければにんにくと唐辛子をきかせてもおいしい。

紅白なます

大根　1/2本
金時にんじん　1/3本
塩　小さじ1
酢　柚子汁とあわせて1/4カップ
きび砂糖　大さじ1
柚子　1/2個
唐辛子　1本

大根とにんじんは皮をむいて食べやすい長さに切りそろえ、ごく細い千切りにする。塩をまぶしてしばらくおき、少しずつ手に取って、これ以上水分が出ないというところまでしぼる。

酢、きび砂糖、柚子汁、柚子皮の千切り、赤唐辛子を混ぜ、野菜の塩味に応じて塩味をととのえる。

大根とにんじんを入れ、よくほぐして混ぜて味をなじませる。

菊花かぶら

かぶ　中2個
塩　小さじ1/2
酢　1/2カップ
きび砂糖　大さじ1
昆布とかつおのだし　適量

かぶは皮をむいて横半分に切り、切り口に細かい鹿の子の切り込みを入れる。

塩をよくまぶして水気が出てきたら、塩を洗い流してぎゅっとしぼる。

切り込みを下にしてまな板に置き、食べやすい大きさに切る（途中まで包丁を入れたらあとは手で裂くようにすると花びらがちぎれない）。

酢、塩少々（かぶの塩加減による）、きび砂糖をひと煮立ちさせて冷ましてからかぶにかけ、一晩おく。

供する日にだしを足してほどよい味加減にする。

汁気を切り、中心に赤唐辛子を少々のせる。

ゆで卵の塩麹漬け

卵　2個
塩麹　約大さじ1（塩麹の塩分により変わる）

卵は常温にもどし、沸騰した湯に入れて軽く煮立つくらいの火加減で6分ほどゆでたら冷水に取って殻をむく。

ビニール袋にゆで卵と塩麹を入れてまぶし、軽くもむ。
冷蔵庫で一晩寝かせ、塩麹を洗い流し、水気を拭いて半分に切る。

からすみ　げんちゃんの手作りをいただく。

豆もち　豆もちは、那須出身の友人が実家でついていたものを伝授してもらった。お互いに東京で暮らしていた頃はよく正月明けにお裾分けに与り、その香りのよさに惚れ惚れしたものだった。彼らが熊本に越してきた時から、我が家のもちつきの定番となっている。もち米に少しうるち米を足してつき、たっぷりの生落花生と青のり、塩を少々加えてつくのだが、まだ米粒が少し残り、もちになりきっていない〝半殺し〟と呼ばれる熱々を、臼から少しずつ取って食べる時が、もちつきの中でも一番盛り上がりを見せる瞬間だ。薪ストーブの熾き火でゆっくりと炙り、しょうゆ、またはバターしょうゆで食べる。ああ美味。

牛乳寒天

棒寒天　1本
水　2カップ
グラニュー糖　70g
牛乳　1・5カップ

いちご　小20個

グラニュー糖　大さじ1

鍋にちぎった棒寒天、水を入れて中火にかける。

混ぜながら煮て、寒天が溶けたらグラニュー糖と牛乳を加え混ぜる。

ひと煮立ちしたら流し缶に裏漉し、粗熱が取れたら常温で固め、冷蔵庫で冷やす。

寒天をさいの目に切り、グラニュー糖をまぶしておいたいちごをたっぷりとのせる。

あとがき

もう二十年近くも前のことになるが、イタリアで暮らし始めた頃、その日食べたものを拙い絵と短い文章で書き溜めていた。イタリアという国の膨大な美や影に浸りながらも、その頃の私の目は台所や食卓ばかりに注がれていたようで、今となっては悔しい気持ちすら湧いてくる。イタリア語が満足に理解できずにもやに包まれたような気持ちで過ごした日々、しかし料理にかかわることだけは、明るい光を纏ってくっきりと目に映り、心に刻まれてゆく。それはきっと紗がかかっていた赤ん坊の視界が段々と開け、母親の目や乳房が世界中のどんなものよりも輝いて見えることにも重なるような気がする。

その後、いつしか日記は絵だけのものとなり、そしてだいぶ経ってから今度は文章だけで綴られるようになった。日本という日常を離れ、イタリアにいる時だけに書く食卓の日記。日付と朝、昼、晩に食べたもの、時に一緒に食べた人の名前が入るだけの簡単なものだが、読み返してみるとその頃の様々な映像が蘇ってくる。コーヒーと甘いパンの香る朝のバール、仕事よりもまかないの時間に夢中だった食堂の厨房、アパートの窓から眺めた石造りの街の静けさ。ある時からまったく写真を撮らなくなった私にとって、この日記は写真を貼り付けたアルバムのような存在になり、時々見返しては感傷に浸るところもアルバムに近いような気がする。
そして、数年前に熊本に嫁ぎ、また日記は始まった。一度は途切れたものがまたなぜだか息を吹き返し、今では台所の片隅で、寝床の中で、早朝の食卓で、書き続けている。静かすぎるここでの暮らしの中で、日記を綴っている時だけ不思議と生きている実感が湧いてくる。食べるものばかりを追っていた若かりし日の自分の目は気がつけば他のものへと注がれ、五感のとらえるものが少しずつ変わってきているのがわかる。

２０１３年4月8日　快晴

そろそろ終わりを迎えようとしている藪椿の花がむせるような若葉の洪水に埋もれることとなく、今朝も紅色の小さな炎を北庭に灯している。鬱蒼とした裏山にもいつの間にか山藤が咲き、その逞しい蔓が森の中でも点々と灯る花々に絡みつくのが見える。それらは世界は無から蕾や芽へ、そして花や若葉へと輪廻してゆくことを今日も私に教えてくれる。

日々の堆積を記すことに意味などないのかもしれない。それでも私はきっと、ずっと書き続けてゆくだろう。

細川亜衣

索引

＊作り方の記述がある料理

●野菜、きのこ、果物料理

● 豆、とうふ、卵料理

●肉料理

●魚、海藻料理

●スープ、汁もの

●パスタ、ニョッキ

●パン、粉もの

●麺

●米料理

●ソース、たれ

●飲みもの

●甘いもの

パスタいろいろ

オレッキエッテ

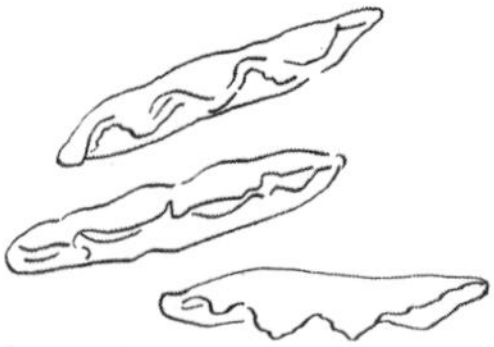

カヴァテッリ

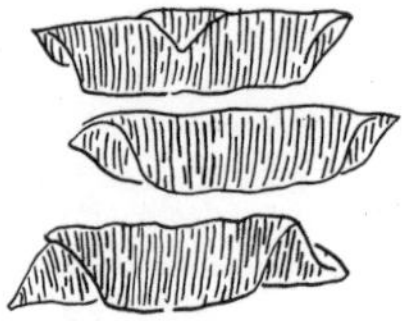

ガルガネッリ

コンキリエ

ストラッシナーティ

スパゲッティ

タリオリーニ

ニョッキ

ニョッケッティ

プジアーティ

マルタリアーティ

リングイネ

細川亜衣（ほそかわ・あい）

一九七二年生まれ。大学卒業後にイタリアに渡り、帰国後、東京で料理教室を主宰する傍ら料理家として各メディアで活動。二〇〇九年より熊本在住。国内外で料理教室や料理会を行っている。

著書に『イタリア料理の本』（米沢亜衣名義）、『愛しの皿』『スープ』など。

食記帖

Cosa hai mangiato oggi?

発行日　二〇一三年八月　八日　初版第一刷発行
　　　　二〇一六年十月十五日　第三刷発行

著者　細川亜衣
絵　山本祐布子

装丁　木村裕治
　　　後藤洋介（木村デザイン事務所）
編集　大嶺洋子
発行者　孫　家邦
発行所　株式会社リトルモア
〒一五一―〇〇五一
渋谷区千駄ヶ谷三―五六―六
電話　〇三―三四〇一―一〇四二
ファックス　〇三―三四〇一―一〇五二
http://www.littlemore.co.jp/
印刷・製本所　シナノ印刷株式会社

ISBN978-4-89815-366-6 C0077